U0033825

蔣經國大事日記

（1977）

Daily Records of Chiang Ching-kuo, 1977

民國日記 | 總序

呂芳上
民國歷史文化學社社長

人是歷史的主體,人性是歷史的內涵。「人事有代謝,往來成古今」(孟浩然),瞭解活生生的「人」,才較能掌握歷史的真相;愈是貼近「人性」的思考,才愈能體會歷史的本質。近代歷史的特色之一是資料閎富而駁雜,由當事人主導、製作而形成的資料,以自傳、回憶錄、口述訪問、函札及日記最為重要,其中日記的完成最即時,描述較能顯現內在的幽微,最受史家重視。

日記本是個人記述每天所見聞、所感思、所作為有選擇的紀錄,雖不必能反映史事整體或各個部分的所有細節,但可以掌握史實發展的一定脈絡。尤其個人日記一方面透露個人單獨親歷之事,補足歷史原貌的闕漏;一方面個人隨時勢變化呈現出不同的心路歷程,對同一史事發為不同的看法和感受,往往會豐富了歷史內容。

中國從宋代以後,開始有更多的讀書人有寫日記的習慣,到近代更是蔚然成風,於是利用日記史料作歷

史研究成了近代史學的一大特色。本來不同的史料，各有不同的性質，日記記述形式不一，有的像流水帳，有的生動引人。日記的共同主要特質是自我（self）與私密（privacy），史家是史事的「局外人」，不只注意史實的追尋，更有興趣瞭解歷史如何被體驗和講述，這時對「局內人」所思、所行的掌握和體會，日記便成了十分關鍵的材料。傾聽歷史的聲音，重要的是能聽到「原音」，而非「變音」，日記應屬原音，故價值高。1970年代，在後現代理論影響下，檢驗史料的潛在偏見，成為時尚。論者以為即使親筆日記、函札，亦不必全屬真實。實者，日記記錄可能有偏差，一來自時代政治與社會的制約和氛圍，有清一代文網太密，使讀書人有口難言，或心中自我約束太過。顏李學派李塨死前日記每月後書寫「小心翼翼，俱以終始」八字，心所謂為危，這樣的日記記錄，難暢所欲言，可以想見。二來自人性的弱點，除了「記主」可能自我「美化拔高」之外，主觀、偏私、急功好利、現實等，有意無心的記述或失實、或迴避，例如「胡適日記」於關鍵時刻，不無避實就虛，語焉不詳之處；「閻錫山日記」滿口禮義道德，使用價值略幾近於零，難免令人失望。三來自旁人過度用心的整理、剪裁、甚至「消音」，如「陳誠日記」、「胡宗南日記」，均不免有斧鑿痕跡，不論立意多麼良善，都會是史學研究上難以彌補的損失。史料之於歷史研究，一如「盡信書不如無書」的話語，對證、勘比是個基本功。或謂使用材料多方查證，有如老吏斷獄、法官斷案，取證求其多，追根究柢求其細，庶幾還原

案貌，以證據下法理註腳，盡力讓歷史真相水落可石出。是故不同史料對同一史事，記述會有異同，同者互證，異者互勘，於是能逼近史實。而勘比、互證之中，以日記比證日記，或以他人日記，證人物所思所行，亦不失為一良法。

從日記的內容、特質看，研究日記的學者鄒振環，曾將日記概分為記事備忘、工作、學術考據、宗教人生、游歷探險、使行、志感抒情、文藝、戰難、科學、家庭婦女、學生、囚亡、外人在華日記等十四種。事實上，多半的日記是複合型的，柳貽徵說：「國史有日歷，私家有日記，一也。日歷詳一國之事，舉其大而略其細；日記則洪纖必包，無定格，而一身、一家、一地、一國之真史具焉，讀之視日歷有味，且有補於史學。」近代人物如胡適、吳宓、顧頡剛的大部頭日記，大約可被歸為「學人日記」，余英時翻讀《顧頡剛日記》後說，藉日記以窺測顧的內心世界，發現其事業心竟在求知慾上，1930 年代後，顧更接近的是流轉於學、政、商三界的「社會活動家」，在謹厚恂恂君子後邊，還擁有激盪以至浪漫的情感世界。於是活生生多面向的人，因此呈現出來，日記的作用可見。

晚清民國，相對於昔時，是日記留存、出版較多的時期，這可能與識字率提升、媒體、出版事業發達相關。過去日記的面世，撰著人多半是時代舞台上的要角，他們的言行、舉動，動見觀瞻，當然不容小覷。但，相對的芸芸眾生，識字或不識字的「小人物」們，在正史中往往是無名英雄，甚至於是「失蹤者」，他們

如何參與近代國家的構建，如何共同締造新社會，不應該被埋沒、被忽略。近代中國中西交會、內外戰事頻仍，傳統走向現代，社會矛盾叢生，如何豐富歷史內涵，需要傾聽社會各階層的「原聲」來補足，更寬闊的歷史視野，需要眾人的紀錄來拓展。開放檔案，公布公家、私人資料，這是近代史學界的迫切期待，也是「民國歷史文化學社」大力倡議出版日記叢書的緣由。

蔣經國大事日記　導言

呂芳上
民國歷史文化學社社長
中央研究院近代史研究所兼任研究員

一、

　　許多人多注意到年輕一代的新新人類，多半要掌握的是立即、當下，要捕捉的是能看得見、聽得到、抓得住的事事物物，視芸芸之人眾生平等，不把「大咖」人物看在眼裡，昨天的事早早忘卻，明天和過去的歷史，更屬虛無又飄渺。即使對一般人，說美國總統川普（Donald Trump），很多人或還記得，談歐巴馬（Barack Obama），即已印象模糊。老蔣、老毛何許人也？知其名未必悉其實，小蔣（經國）、老鄧（小平）印象就沒那麼深刻。在臺灣，坊間對蔣經國評價不一，民間有人把「蔣經國」以臺語諧音說成「酒精國」，雖屬戲謔之語，反見親切。這時代，有人這麼說：一轉身，光明黑暗都成故事；一回眸，歲月已成風景。不過，尋根是人類本性，我們走過「從前」，要說從歷史中尋求如何面對當今問題的智慧，可能太抽象，但問那個時代、那個人物，留下什麼樣足跡？有過何等影響？還是會引發人們找尋歷史源頭的興味的。

　　近代中國歷史堪稱曲折，世界走入中國，用的是兵艦、巨砲，中國走向世界，充滿詭譎與恫嚇。於是時代

的歷史靠著領導者帶著一群菁英，以無比信心、堅韌
生命力與靈妙的模仿力和創造力，共同形塑，造成了
「今日」。

在歷史往復徘徊中，往往出現能打開出路的引領
人。這些有頭、有臉的人物，他們數十年一夢的人生事
跡，對天地悠悠之久，雖也一幌即過，但確實活在歷
史。最怕的是當代、後世好事者，可能為這些人塗脂抹
粉、加料泡製、打磨夯實、描摹包裝、強力推銷，變成
「聖賢」或「惡魔」，弄得歷史人物不成「人」形。

生前飽受公議的政治人物，過世之後也得接受歷史
的公評，這是無庸置疑。但論孫文只說他為目的不擇手
段、評蔣介石說是獨裁無膽、硬把毛澤東功過三七開，
都犯了簡化歷史的毛病；論歷史的事情，既不是痛快
的一句話可以了結，月旦歷史人物，更不該盲目恭維或
肆意漫罵可以了事。歷史人物的品評，需要多樣資料佐
證，於是上窮碧落下黃泉所得的「東西」，不能不說當
下、即時的紀錄材料，最不能疏忽。這套《蔣經國大事
日記》，作為民國、臺灣歷史人物蔣經國及其時代研究
的基礎，當之無愧。

二、

蔣經國生於 1910 年，1988 年過世。美國史家史萊
辛格（Arthur Schlesinger Jr.）說，二十世紀是一個混亂
的世紀，充滿了憤怒、血腥、殘酷；也充滿了勇敢、希
望與夢想。蔣經國的一生起伏跌宕夾雜著這些特色。他
幼年讀書不算多，1925 年十六歲正當人格成型之際，

被送到冰天雪地的俄國。那段時間，正是史達林掌權清算鬥爭激烈時期，對他來說想必印象深刻，影響一生。西安事變後抗日開戰前（1937 年 3 月），帶著俄國妻子返國，先在家鄉溪口讀書，其後在江西保安處、贛南專區當行政督察專員，過著中層公務員的生活，並依父命師從徐道鄰、汪日章等人，接受經典洗禮，對傳統文化進行「補課」，也零星通曉西方民主、法治觀念，思想因此有進境，難免蕪雜。抗戰時期往來大後方，除了在贛南有一批從龍之士外，在重慶擔任三青團幹校教育長，有了幹校人脈，加上後來在臺組建青年反共救國團，這幾批人無形中成了他後來的政治班底。

蔣經國真正的政治事業是 1950 年代在臺灣開始的，1950 到 1960 年代蔣介石忙於黨的改造、政治革新，積極準備「反攻復國」，至於情治系統、國安、國軍政工事務多交經國負責，這一時期，國外媒體甚至形容他為「神秘人物」。到 1970 年代聯合國席位不保，中日、中美先後斷交，國家處境逆轉，大約此時統理國家的權力也集中到經國身上，威權政治開始有軟化跡象。不過直到1980 年代中期之後，已深切感受時代在變，環境在變，潮流也不能不變。1986 年 9 月，集大權於一身的經國總統容忍「民主進步黨」成立，等於開放黨禁；10 月中旬決定「解嚴」，次年 7 月 15 日正式實施；接著解除報禁、開放港澳觀光，10 月 15 日准許老兵返大陸探親，民主化邁步向前，對長期威權統治下的臺灣而言，不啻一場寧靜革命。當年擔任總統副手的李登輝，後來在《訪談錄》中，很平實的說了這麼一段

話：「大家講李登輝執政十二年民主改革等等，老實講，如果這三年八個月中沒有他（蔣經國）在政策上的變化，我後來的十二年是做不了什麼事的。」

同一時期，蔣經國大量起用臺灣省籍菁英，尤其1972年出任行政院長後，培養省籍人士不遺餘力，1984年在謝東閔副總統之後，提名年輕得多的李登輝繼之，以當時蔣經國的身體條件和年齡，視為是接班人選，十分明顯。在行政院長及總統任職期間，蔣經國不斷走入民間、結交民間友人，1987年又說出「我也是臺灣人」的話語，姑不論是否為政治語言，政權本土化的意味很濃，行動上則多少帶點「蘇俄經驗」味道。

1970年代，國際逆流橫生之外，國內政治異議聲浪頻起，反對勢力運動勃發，規模不斷擴大，手段益趨激烈，當時臺灣幾乎有人心惶惶之感。這期間，1973年及1979年碰到兩次石油危機、國際金融風暴。幸賴十大建設、六年經建計畫等的財經擘劃，安然渡過危局，「臺灣奇蹟」的締造，蔣經國與有功焉。長時間陪侍兩蔣身邊的御醫熊丸說，小蔣極為儉樸，樂與民眾接近，但城府深、表裡不一，恩威難測，並非好相處的朋友；已過世、有點不合時宜，與經國交過手的財經專家王作榮，佩服蔣與巨商大賈保持距離，但也直說，蔣經國是俄國史達林文化與中國包青天文化的混合產物。顯示這位國家領導人多面向的行事與風格，仍大可有進一步研究的空間。

三、

　　1972 年 6 月，62 歲的蔣經國出任行政院長，實質掌理國政。其後 1978 年膺選為中華民國第六任總統，1984 年連任為第七任總統，不幸任期未滿的 1988 年 1 月 13 日辭世，那年他 78 歲。他一生最後的十六年，可說盡瘁國政，奉獻全部心力於臺灣這塊土地。這位關鍵人物在關鍵時期的政府治理成績斐然，此段時間正是臺灣政治、社會的重要轉型期。這十六年的政府政績即使不稱為「經國之治」，說它是臺灣的「蔣經國時代」，絕不為過。

　　這套《蔣經國大事日記》，涵蓋「蔣經國時代」的十六年，起於 1972 年 5 月 20 日出任行政院長，迄於 1988 年 1 月 30 月奉安人溪止，每日行程幾乎均有如實紀錄。嚴格說這是蔣經國行政院長和兩任總統的行政大事記，原係庋藏於國史館蔣經國忠勤檔案中的一種。原作毛筆、鋼筆文件應出諸經國總統秘書之手，察其所錄，很有總統日常行政實錄意涵。每日記載內容主要為蔣經國擔任院長、總統期間之行止、接見賓客、上山下海巡訪各地，重要會議要點（包括行政院院會、國民黨中常會、中央全會、總統府財經會談、軍事會談）、重要文告、年節談話內容等，大自內政上十項建設的推動，持續三十八年之久的戒嚴宣告解除，反共反獨的宣示，對中共三不（不接觸、不談判、不妥協）政策誓言；國際關係上中日、中美斷交，克來恩（Ray S. Cline）與韓、越「情報外交」，李光耀頻頻秘密來臺的臺新（新加坡）交誼，小至中學生給蔣經國「院長精

神不死」的謝卡小故事，有嚴肅的一面，也見人性幽默
的一環。《蔣經國大事日記》如能與蔣經國個人日記搭
配，「公」「私」資料，參照互比，將更能清楚見其行
事軌跡與作為。故而日記固可補《蔣經國大事日記》之
不足（蔣經國日記起於 1937 年 5 月，記至 1979 年 12
月 30 日因視力惡化中止），《蔣經國大事日記》亦正
足彌補日記之空闕。故此一資料，當屬研究「蔣經國時
代」不可或缺的寶貴史料。

四、

　　這套書記錄 1972 至 1988 年中華民國的國家領導
人行政大事，雖簡要，但不失為「蔣學」研究的重要工
具書。

　　本來歷史學的研究與編纂，就有「年代學」
（Chronology），是以確定歷史事件發生時間的科學，
從古代中國《春秋》、《竹書紀年》，到近人郭廷以的
《近代史國史事日誌》、《中華民國史事日誌》等，都
屬之。這套書一如晉杜預的〈春秋左氏傳序〉所言：
「記事者，以事繫日，以日繫月，以月繫時，以時繫
年，所以紀遠近，別同異也。故史之所記，必表年以首
事。」本書所記，甚至細至以時繫分，明確事件發生時
間，提供歷史發展線索，大可作為歷史研究的基礎。對
當代民國史、臺灣史研究而言，資料之珍貴，實無過
於此。

編輯凡例

一、 本書依照「蔣經國大事日記略稿」編輯，依日期
　　 排列。

二、 為便利閱讀，部分罕用字、簡字、通同字，在不
　　 影響文意下，改以現行字標示，恕不一一標注。

三、 附件及補充資料以標楷體呈現，部分新聞報導之
　　 附件不收錄。

目錄

中華民國 66 年（1977 年）

1 月 1 日　星期六

上午

八時三十分，接見返國述職之駐美大使沈劍虹。

九時，至三軍軍官俱樂部參加本黨中央委員會元旦團拜。

九時四十五分，參加中樞慶祝中華民國六十六年開國紀念典禮暨元旦團拜。

典禮後，由參謀總長宋長志陪同，前往金門戰地巡視防務，向戍守前線之三軍官兵賀年，並勉勵加倍努力，再創成果。

1 月 2 日　星期日

下午

四時，抵高雄縣新達港，巡視漁港工程建設，並向漁民問好致意。

四時三十分，慰問高雄縣茄萣鄉沿海駐防官兵並賀新年，同時對彼等崗位工作，多所期勉。

傍晚

接見屏東、高雄兩縣縣長及高雄、臺南兩市市長，聽取報告，並勉勵檢討過去，策勵來茲，使地方建設呈現新的氣象。

1月3日　星期一

上午

八時三十分，至臺南市安平港工程處，聽取簡報，巡視
南防波堤沉箱工程，並慰問施工人員及當地漁民。

隨後轉往安平工業區，實地了解其設廠現況與開發
情形。

九時五十分，參觀赤崁樓，並與遊客握手拜年、合影。

1月4日　星期二

上午

九時，主持行政院新年團拜，對各級同仁過去一年之辛
勞，表示謝忱，並勉勵大家繼續努力，克服困難，在新
的一年內，使政府的施政，更能向前邁進。

1月5日　星期三

上午

九時，主持中常會，以今天為新年後第一次常會，在開
會之前，曾向各出、列席同志致申祝之意。

十時，接見外交部部長沈昌煥等六人。

1月6日　星期四

上午

九時，主持行政院院會。

院會後，主持財經會談，由財經首長報告去年之經濟發
展情形與今年經濟建設方向；提示今年經建的重點目
標，應置於全力拓展對外貿易上。

下午

三時，主持中央黨部工作會議，提示：

一、當前在工作觀念上有兩個重點：一是要放棄不應得
　　到的權利；二是要奉獻自己的才智。如果觀念不改
　　變溝通，則無論如何計劃、推動，都無補於實際。

二、人事要精簡，文書要改革，開會要節約時間，中央
　　委員、候補委員、黨務顧問等要在平時和黨的工作
　　發生關係，今年年底要辦好臺灣省及臺北市五種地
　　方自治選舉。

三、關於黨務經費，希望將分配情形送閱後再表示意
　　見。財務委員會可籌辦有多收入之經濟事業，以增
　　加財源，逐漸做到自給自足；縣市區黨部不可向同
　　級政府要求任何經費補助。

1 月 7 日　星期五

上午

八時三十分，至內政部聽取內政部暨蒙藏委員會工作簡
報，提示：

內政部今後工作重點，應為：

一、辦好平均地權工作；

二、切實辦好今年辦理之地方選舉工作；

三、加強社會福利工作；

四、加強治安維護工作。

十時三十分，聽取中央政府總預算歲入簡報（含糧食平
準基金簡報）。

下午

四時三十分，至外交部聽取工作簡報，勗勉外交工作人員提高警覺，發揮團隊精神，積極奮鬥，以促成外交政策之有效執行。

1月8日　星期六

上午

八時，約駐美大使沈劍虹共進早餐。

十時，至國防部聽取工作簡報，提示：

今後要繼續加強訓練，更新裝備及提高警覺，同時促進部隊進一步的團結，以完成肩負的使命。

下午

一時，抵中興新村，與臺灣省政府主席謝東閔晤敘，並共進午餐。

二時，由政務委員周書楷及南投縣縣長劉裕猷陪同，進入深山，訪問惠蓀林場；回程並至仁愛鄉清流互助村，慰問抗日霧社事件之遺族。

七時，在埔里噴水餐廳晚餐，並參觀木生昆蟲館。

1月9日　星期日

上午

先後訪問南投縣水里、集集、名間、鹿谷等鄉鎮，並參觀名間鄉松柏嶺新落成之受天宮、鹿谷鄉養蜂養鹿示範場，訪問農友。

晚

止於竹山之溪頭。

1 月 10 日　星期一

晨

巡視溪頭臺大實驗林園。

上午

九時，巡視竹山鎮公所，並慰問員工之辛勞。

十時二十分，至中興新村臺灣省訓練團，參加臺灣省各界聯合總理紀念週，並致詞：

過去一年，我們克服了許多困難，今後仍須把握國策原則，繼續努力奮鬥，創造新的成功。目前大陸一片混亂，大變亂正在開始，我們在復興基地的同胞，都負有拯救八億同胞光復大陸的歷史性使命，也只有我們光復大陸，世界一切問題才可解決。因此期望全體公務人員，開誠布公，為民服務，興利除弊，齊頭並進，配合經濟建設方針，建設復興基地，開創新機運，達成光復大陸神聖使命。

中午

在臺灣省政資料館，與省垣各界首長共進午餐，勉勵繼續作更大的努力，為民眾謀福利，使省政建設年年進步。

1月11日　星期二

上午

八時，至財政部聽取工作簡報，提示：

財政重點，應與經建配合，並謀收支平衡，更要運用賦稅及金融等措施來促進經濟的發展，厚植稅源，無論是稅制或稅務行政，都要避免苛擾，儘量簡化。

十時，出席國家安全會議簡報。

下午

四時，至教育部聽取教育部暨青年輔導會工作簡報，對教育工作提出九項努力重點，勉勵教育人員切實辦好教育；對青年輔導會的工作，也提出三項指示，期盼積極輔導青年創業。

1月12日　星期三

上午

九時，主持中常會，於講話中指出：

大陸匪區的變亂，往後會愈變愈亂，絕對不能穩定，尤應注意的是大陸同胞在各地從事反毛反共鬥爭，最後必可與我們大陸工作的同志結合在一起，掀起反共鬥爭的高潮。我們又發覺，匪黨近數月來對外統戰，充滿對本黨和政府誣衊、破壞之詞，比過去任何時期為多，這證明由於大陸同胞對我們的懷念與盼望，與日俱增，它才不得不採取此項措施；但共匪對我們的這些攻擊，只是心勞力絀，欲蓋彌彰。我們對大陸變化，今後更要加強聯絡、推動，使匪偽變亂情勢，再升高擴大。目前我們

似應發表一項文告，表示我們的態度，促使大陸同胞不
同地區、不同目標的反共鬥爭，匯為一個總的方向——
推翻匪偽政權。

常會後，聽取輔選工作簡報。

下午

四時，至經濟部聽取工作簡報，提示：

今後我國的經濟，仍繼續採取穩定中求發展的政策，而
經建主要目的，在於厚植國家經濟發展潛力，以及提高
國民生活水準。此外，並對農業、工業、國際貿易以及
穩定物價方面，分作重點指示。

1 月 13 日　　星期四

上午

九時，主持行政院院會，提示：

目前匪偽內鬨加劇升高，各有關部門應密切注視其發展
情形，全面展開對敵心戰，實施政治登陸，以加速共匪
的敗亡。但在勝利來臨前，大家必須發揮逆水行舟的精
神，堅忍沉著，有毅力、有信心，勇往直前，一定可以
克服萬難，得到最後的成功。此外，並就今年經濟成長
率、對外貿易、稻穀生產、鼓勵生產、穩定物價、發展
重化工業等，分作扼要指示。

十時三十分，接見科導會主任委員吳大猷。

下午

四時，至司法行政部聽取工作簡報，提示：

司法人員應以仁愛為本，依法切實保障人權，辦案要做到公正廉明、毋枉毋縱，而研究如何預防犯罪，實為今後司法工作首要任務。

1月14日　星期五
上午

八時，至交通部聽取工作簡報，提示：

六項交通建設，都要配合國家經濟建設，施工時應求堅固實用，趕時間還在其次，因為這些工程都是國家百年大計，須進一步注意後代的評估。此外並對未來交通建設各方面的發展，分作重點指示。

十時三十分，接見監察委員高維翰等三人。

下午

四時，先後接見立法委員佘凌雲、吳延環、張子揚、朱如松。

六時，接見日本產經新聞人員。

1月15日　星期六
上午

九時，主持國防會談。

1月16日　星期日
上午

十時，至高雄慰問參加戰備訓練之海軍陸戰隊官兵。

十時三十分，巡視林園鄉新建完成之高屏沿海公路雙園

大橋及林邊大橋，在橋畔下車與群眾握手致意；並訪問
農家，詢問農家生活。

十一時，巡視林園石油化工區；並至大寮鄉高雄監獄，
探詢受刑人生活情況。

下午

三時，在高雄國際機場，接見高雄市市長王玉雲，垂詢
地方情形。

1 月 17 日　星期一

【無記載】

1 月 18 日　星期二

上午

八時三十分，聽取僑務委員會工作簡報，提示：

一、我政府今後為照顧華僑，應做到：

　　（一）要使華僑多與國內通商；

　　（二）增進僑社福利工作；

　　（三）加強文教工作。

二、期盼華僑本身能夠團結及遵守僑居所在地法令，與
　　當地人民和睦相處。

十時，聽取衛生署工作簡報，提示：

長期計劃充實基層衛生組織，普遍設置衛生醫療機構，
合理降低醫療費用，加強衛生人員培養及衛生教育工
作，以提高衛生水準，建立現代化的國家。

下午

四時，聽取經濟設計委員會工作簡報，提示：

今後經濟持續發展，有三項要務——鼓勵投資、增加生產、擴大推展對外貿易，希望經設會加強研究。

五時三十分，聽取人事行政局工作簡報，提示：

要做好人事的進用、升遷、退休等工作，以促進新陳代謝，保持人事管道的暢通，使人事制度更臻健全。

1 月 19 日　星期三

上午

九時，主持中常會，並於會後聽取國民大會黨部工作簡報。

十一時三十分，接見美國哈佛大學校長卜克等五人。

1 月 20 日　星期四

上午

九時，主持行政院院會，曾就平均地權條例之實施、六十七年度中央總預算之收支平衡、以及對共匪空飄散發反動傳單之處理等，分作提示。

十時三十分，弔祭丘故監察委員念台逝世十週年。

下午

三時，聽取中央銀行工作簡報。

四時三十分，聽取農復會簡報。

美國總統當選人卡特，本日就任美國第三十九任總統，

特去電致賀。

1 月 21 日　星期五

上午

八時三十分，聽取國軍退除役官兵輔導會工作簡報，提示：

要發揮「廣慈博愛」精神，加強為榮民服務；並進一步發展榮民生產事業，開拓海外工程。

十時，聽取國家科學委員會工作簡報及原子能委員會簡報，提示：

國科會今後努力方向，除配合國家建設與積極改善民眾生活外，還要引進新的技術，增加新的設備，吸收和培育新的人才；並提出規劃科學工業園區等七項重要工作，期望加強推動。

下午

四時，聽取新聞局工作簡報，提示：

盼望大眾傳播事業，要多多反映民意，使政府與民眾間相互獲得充分了解，並就該局業務，作多項指示。

五時十分，偕同徐副院長慶鐘至立法院拜會倪院長文亞，對立法委員在本會期通過法案（包括平均地權案）的辛勞，深致謝忱。

1 月 22 日　星期六

【無記載】

1月23日　星期日

以中國國民黨主席身分，發表再告大陸同胞書，號召大陸同胞為爭自由、爭生存、爭人權而全面奮起自救。

再告大陸同胞書

親愛的大陸同胞們：

新年剛剛過去，春節快要到來，在這個時候，我們更加想念你們！

現在大陸各地仍在不斷的發生旱災、水災……，天災人禍，地凍天寒，在這個時候，我們更加想念你們！

大陸上的打鬥動亂，還在繼續，還在擴大，還在強烈變化，所以華國鋒這一小撮的匪偽政權非常不穩定，高壓統治便更厲害，你們的痛苦也就愈大愈深，在這個時候，我們更加想念你們！

你們在痛苦中煎熬了二十八個年頭，二十八年，這是多麼漫長的黑暗的仇恨的日子，想想看！

大家在奴役下做苦工二十八年，中共有沒有給你們應該得到的、適當的、足夠的工資報酬？

大家在痛苦中生活了二十八年，中共有沒有稍稍改善你們最起碼的生活水平？

大家在黑暗中摸索了二十八年，中共有沒有讓你們看到一點點大陸以外的人世所有的幸福？

大家在壓制中度過了二十八年，中共有沒有讓你們過一天沒有鬥爭、沒有恐怖的平平靜靜的日子？

沒有，根本沒有，因為中共匪偽政權的罪惡統治，它的基礎就是建築在箝制你們痛苦疲餓的體力上面；建

築在控制你們最低的生活條件上面；建築在你們得不到世界的信息而茫然無覺的心靈上面；建築在你們日日被鬥爭、下放、勞改、恐怖震懾的心理上面，所以對於一切人性的要求、慾望的滿足、自由的獲得，中共是不能也絕對不肯給予你們些許的。

大陸同胞們！二十八年的時間，戳穿了中共答應讓你們「當家作主」的一片謊言，到現在，它始終是一個騎在頭上的「紅色大地主、紅色大資產階級、紅色奴隸主」，可以說中共本身真正是「比地主、資本家更可惡的不流動的特權階級」，而這個匪偽特權階級還在天天打鬥、日日流血。

二十八年來，我們復興基地的加速建設，一方面是謀取復興基地軍民同胞的自由幸福，一方面更是為了厚植力量，來幫助大陸同胞早日解除匪偽政權高壓統治的痛苦，在大陸上共同重建一個三民主義安和樂利的中國人的社會。現在復興基地已經成為一個自由、繁榮、安定、豐足的現代社會，在這裡電冰箱、電視機和機器腳踏車，都是家家戶戶日常的用品，即是汽車也已不是奢侈品，因為復興基地的同胞去年的平均每人所得，已有新台幣三萬零七百五十三元（折合「人民幣」一千五百三十元），有著相當高的生活水平，和你們在匪偽統治壓榨之下，去年的平均每人所得還不到「人民幣」三百八十元，可說是四與一之比；又比方復興基地去年的對外貿易，進出口的商品價值，折合一百五十六億美元，還有五億美元的出超，而匪偽政權號稱統治了八億人民，去年不過只有一百二十億美元的

對外貿易，並且有十億以上美元的逆差，和我們復興基
地的對外貿易，簡直不成比例。

其他不必多談，僅由這一事實，究竟誰在謀求人民
的利益和幸福，誰在摧殘人民的利益和幸福；那裡是
真正的自由民主，那裡是殘酷的血腥統治，已經判然
分明。

大陸同胞們！今天的大陸，只是一片血腥的鬥爭，
要知道華國鋒這一小撮，在奪權鬥爭中，還是有著恐懼
的，它恐懼的就是「四人幫」不倒，政權不穩，所以一
方面喊「四人幫如果竟然一旦得逞，那就造成大倒退、
大分裂、大內亂」，「這樣就會內亂外患一起來」；一
方面就繼續的打殺「四人幫」的殘餘，把「揭批四人
幫」作為它今年的四個戰鬥任務之一。因此，到處都是
又「打」、又「砸」、又「搶」，倒了一個秦始皇，又
來一個秦始皇，匪偽政權這種鬥爭動亂永無停止之日，
那還要垮多少人、死多少人？人禍如此，天災更顧不得
了，事實上它還在利用天災搞鬥爭，擴大人禍，根本不
顧你們大家的生命死活哩！

華國鋒他們現在害怕「大倒退、大分裂、大內
亂」，竟然搬出二十年前毛澤東那篇「論十大關係」
的符咒，加以塗改，想作為護身符，但是這「十大關
係」，根本就是它路線上困難重重，至今不能解決的
「十大矛盾」，今天匪偽政權的困難和危機，也即是其
重重錯雜的矛盾的總和。

然而大家都明白，這許許多多重重錯雜的矛盾，其
實也只有一個大矛盾，一個根本的大矛盾，那就是大陸

同胞和中共偽政權之間勢不兩立的矛盾，也就是我們中
國人發乎人性的仁愛思想和共產主義那種滅絕人性非中
國人的罪惡邪說之間，絕不相容的矛盾，所以在大陸普
遍湧起的反共情緒、反共思潮、反共行動，就都是你們
廿八年來在匪偽政權奴役迫害之下，所累積所形成的憤
怒仇恨迸發的結果，更就是三民主義國民革命和共產主
義針鋒相對所深入影響的結果。因此華國鋒他們拼命地
在叫囂目前大陸普遍動亂，是「四人幫」殘餘企圖「挑
起全面內戰」，也叫囂對「四人幫」殘餘的鬥爭是「共
產黨和國民黨鬥爭的繼續」，不得不恫嚇其徒眾，要
「低頭拉車，要抬頭看線，不然拉到臺灣去了」。

　　親愛的大陸同胞們！我們大家都是血肉相連的兄弟
姊妹，都是有著民族大義的中國人，廿八年來我們在復
興基地沒有一天忘記在大陸血海煉獄中煎熬掙扎的同
胞，我們沒有一天忘記大陸上受著痛苦迫害的「老」共
軍、「下放」青年、「勞改」「洗腦」「交心」的知識
分子，和在「人民公社」過著牛馬不如生活的億萬同
胞。我們要告訴大家：

　　我們復興基地和匪偽政權誓不兩立，絕不妥協，所
以我們和你們大家的立場相同！

　　我們所全力奮鬥的，就是不斷的追求民生幸福、人
權自由、人性尊嚴，所以我們和你們大家的目標相同！

　　我們一切作為都是集中於大陸同胞的早日得以解
救，一切作為都是以大陸同胞為主體、為本位，所以我
們和你們大家的意願相同！

　　我們期望——

　　每一反共抗暴的志士仁人，消除對匪偽政權的幻想和恐懼，不要為它的脅迫所箝制，拿出理性、拿出主張、拿出勇氣，來求生存、求出路；

　　每一反共抗暴的知識分子，要結合大陸同胞求生存、求出路的意念，彼此之間思想掛鉤、觀念搭橋；

　　每一反共抗暴的共軍共幹，要奮起自救，不可再遲疑、僥倖、觀望，積極奮起，才能生存，全力自救，才有出路；

　　每一反共抗暴的組織，彼此之間更要聲氣相通，串聯呼應，意志集中，力量集中。

　　我們重申保證，對於你們大家的反共抗暴行動，主動結合，迅速支援。

　　親愛的大陸同胞們！蔣總統曾經告訴我們，「不是敵人就是同志」，實在你們大家都是我們反共的同志，你們大家都是我們的家人兄弟，也都就是我們的精神黨員、精神鬥士和精神戰友，我們和你們大家永遠一條心。今天大陸一千二百萬平方公里的土地，寸寸都有著血腥的刻骨仇恨，寸寸都散發著人心人性的火山熔岩，也寸寸成為大家爭取自由生存的戰場。今天你們大家到了忍無可忍的關頭，每個人們被迫發出反共救亡的呼聲，飢寒交迫不願做奴隸的人們，起來吧！為生存、為自由、為人權全面奮鬥！

1 月 24 日　星期一

【無記載】

1 月 25 日　星期二

上午

八時，主持十項建設年度檢討會議，於聽取十項建設之進度、財務和效用檢討報告後，提示：

在十項建設次第完成後，如何發揮宏大效能，帶動百業加速發展，使全民共享建設成果，是當前國家建設的首要課題。同時運用十項建設的人力、技術、經驗以及機具、器材，投入六年經建計劃，使國家建設先後銜接，相互配合，也是各部門建設工作者需要預為策劃的重要任務。至於建設進行中尚待解決之若干問題，希望財政、經濟、交通三部，會同臺灣省政府作進一步深入的檢討，以求逐步加以解決。

1 月 26 日　星期三

上午

九時，主持中常會，於聽取中央政策委員會報告後，表示：

十一全大會後，立委同志支持黨的決策，通過了各項實踐主義的重要法案，這種精神和表現，應予嘉獎；今後仍希本此團結的精神，共同商量、研究，來通過各項立法案件，發揮立法功能，使政治更為進步。政策會、組織會和立委黨部的有關同志，致力協調，甚為辛勞，亦應同予嘉獎。最後願以從政同志身分說明者，行政院為建立政治制度送請立法院立法案件較多，立法委員對每一法案都認真討論，其所作修改或補充的意見，行政院均認為甚為正確，至為感佩！

十一時，接見余伯泉等三人。

下午

四時，接見立法委員康寧祥。

1 月 27 日　星期四
上午

九時，主持行政院院會，對美國總統卡特逐步消除核子
武器之主張，表示贊同和支持，並指出，我政府一貫主
張原子能應限於和平用途，絕不從事核子武器之製造，
今後仍將竭盡一切力量，與美國充分合作，以防止核子
武器之擴散。

在院會中並提示：

行政機關，今後應禁止各級公務人員在外兼任專任之職
務；所有各機關兼職人員，除係依照法令規定兼任者
外，自本年三月一日起，應一律免兼，使我國人事制度
趨於正軌。

1 月 28 日　星期五
下午

五時，接見美國威斯康辛大學校長威弗夫婦。

1 月 29 日　星期六
【無記載】

1 月 30 日　星期日

上午

九時三十分，由政務委員周書楷及臺南市市長張麗堂陪同，先後巡視永康鄉公所、永康保生宮、曾文水庫觀光區、發電廠及青年活動中心；並與在青年活動中心舉行聯誼活動之嘉義留學生家長寒暄、合影。

下午

三時，巡視臺南縣麻豆鎮公所，參觀五王廟、林家古屋。

1 月 31 日　星期一

上午

九時五十分，巡視中國造船公司建造中之四十四萬五千噸超級油輪作業情形，對員工群獻心力，表示嘉勉。

十時四十分，在中國造船公司大禮堂，接見來華訪問之美國報業協會東方考察團一行三十三人，並答復所提有關中國大陸情勢、中華民國在臺灣之發展以及對美國卡特政府之期望等問題。

2月1日　星期二

【無記載】

2月2日　星期三

上午

八時三十分，接見日本參議員玉置和郎。

九時，主持中常會。

下午

三時，參加陳英士先生百年誕辰紀念會。

四時三十分，接見立法委員陳顧遠等四人。

2月3日　星期四

上午

九時，主持行政院院會。

下午

三時，主持中央黨部工作會議。

四時三十分，接見立法委員牛踐初等五人。

2月4日　星期五

上午

十時，主持匪情簡報。

十一時，請徐副院長慶鐘代表參加臺灣區六十六年農民節慶祝大會，向全體農民祝賀致謝，感激農民一年來之辛勞；並轉達對全國農民及農業增產關懷之意。

十一時三十分，主持新任駐薩爾瓦多大使吳俊才宣誓。

下午

四時，接見立法委員白如初等六人。

2 月 5 日　星期六

【無記載】

2 月 6 日　星期日

上午

九時二十分，聽取臺中縣政府簡報、參觀縣政資料中心；並訪問豐原市區商號、后里種馬牧場，參觀后里廣福村劉安祺將軍太夫人墓園、毘盧寺，慰問中部地區國軍官兵，巡視石岡水壩施工情形。

下午

一時四十分，參觀石岡鄉隆興村千年神木名勝，並至神木地段土地業主管阿通家中參觀椪柑貯藏。

2 月 7 日　星期一

【無記載】

2 月 8 日　星期二

下午

四時，至臺北市政府聽取工作簡報。

2月9日　星期三

上午

九時，主持中常會，提示：

青年工作會與文化工作會同政府有關單位聯合辦理「大專院校國際關係教學研討會」，此項工作極為重要，方式亦甚為恰當，今後希繼續辦理。

常會後，接見高魁元、宋長志。

下午

四時三十分，以茶點款待出席亞太地區青年發展研討會人員。

五時三十分，至三軍軍官俱樂部參加情治人員茶會。

2月10日　星期四

上午

九時，主持行政院院會，提示：

一、希望大家善自利用即屆的春節假期，多作有益身心之休閒活動，切勿往返奔波拜年，耗時費神。

二、希司法行政部及國防部，購辦年糕及襪子，餽贈受刑人，讓他們好好過節，共享社會的溫暖。

院會後，聽取「推行職業訓練方案」簡報，並提示：

原則可行，由各主管機關分別依照辦理。

下午

三時四十分，在松山機場歡迎韓國前總理金鍾泌訪華。

五時，接見美國前進出口銀行總裁克恩斯。

致電約旦胡笙國王，悼唁其王后因座機失事罹難。

2月11日　星期五
【無記載】

2月12日　星期六
上午

十時，在臺中成功嶺主持六十六學年度大專學生集訓第三梯次結訓典禮，勗勉八千多名大專集訓學生，踔厲奮發，敦品勵學，將身受益處帶回學校社會，在現時代中，以大家學術報國的心力奉獻，以大家鐵血光熱的反共行動，來承擔創造時代、復興國家的重責大任。

下午

七時，在高雄圓山飯店，以晚餐款待韓國前總理金鍾泌及同行之韓國國會議員李秉禧、陸賓修、金振鳳等。

2月13日　星期日
上午

八時十五分，聽取中台化工公司高雄廠建廠經過及目前營運狀況簡報，提示工業發展，不要忽略安全；並巡視工廠、慰問員工。

十時，巡視臺灣省黨部，勗勉正在出席擴大工作會議之幹部同志，要認清這是一個非常的時代，要以非常的精神，為黨國犧牲奮鬥。

晚

參加韓國前總理金鍾泌答謝訪華期間所受款待之答宴。

2月14日　星期一

下午

六時五十分，歡送韓國前總理金鍾泌一行離華。

2月15日　星期二

下午

三時四十五分，參加新聞局舉辦之新聞同業園遊會，期勉全國同胞「團結努力、鞏固基地、樂觀奮鬥、光復大陸。」並對新聞界一年來反映民意，策勵政府，表示感謝。

七時，約美國駐華大使安克志夫婦在七海新村共進晚餐。

2月16日　星期三

上午

九時，主持中常會，於谷常務委員正綱提出「六十六年推行世界自由日運動」報告後，表示：本年推行世界自由日運動，已獲致很大效果，並對自由世界提供了貢獻。谷常務委員所提報告，可予備查。

2月17日　星期四

上午

十時二十五分，由臺北市市長林洋港陪同，先後巡視臺

北火車站、北門、龍山寺等處,並向民眾、商家賀年祝福。

晚

向全國軍民同胞發表除夕談話,勉勵大家團結一心,為自己、為家庭、為國家,創造更大更多的幸福。

除夕談話

親愛的父老兄弟姊妹們:

今天是農曆除夕,現在大家都快快樂樂的在家裡過年,我要祝賀大家年年快樂,萬事如意。

在過去這一年裡面,我到過復興基地的市鎮、農村、山地、海邊、營房、學校、機關、工廠、商店、果園、鹽田、礦場、住家……很多的地方,見到過好多的同胞,但是還有很多同胞沒有見過面,現在要在電視上,向同胞們拜一個早年。

我們中國人過年,都要回家團圓,全家人在一起,真是快樂融融,這種快樂,可說是大家辛苦的工作一年得來的,因此我們要努力工作,使家庭更加快樂。我們不但要自己家庭團圓快樂,還要使別人家庭也能夠團圓快樂;不但過年是這樣,平時我們也要想到如何使別人快樂,使別人快樂,就是使自己快樂;我們還要想到尊重別人,尊重別人,就是尊重自己;要幫助別人,幫助別人,就是幫助自己;相反的,不要使別人受害受痛苦,使別人受害受痛苦,最後一定會使自己受害受痛苦,這是我們中國人一向做人做事的道理。

　　由此我們更會想到，今天看到我們這裡每一個家庭快樂的團圓過年，就好像一幅美麗的圖畫一樣，可是我們看一看大陸同胞那種黑暗痛苦、牛馬不如的生活，根本談不到過年，大家一定會覺得我們的生活真是幸福，大陸同胞的生活真是可憐，所以我們要幫助大陸同胞解除痛苦，早日得到和我們一樣的快樂幸福。

　　過去這一年，雖然我們的經濟也有一些困難，不過我們還是有很好的成績，比方稻米啦、水啦、魚啦、各種農業加工品啦……都有很多的收穫，而且工商業也有進步，這都是我們同胞們一年來辛苦努力的結果。不過政府總還覺得做的事做得不夠多、做得不夠好，還有很多欠缺的、錯誤的地方，一定要好好的改進、好好的去做，才能對得起全國的同胞。

　　在未來的日子裡，我們當然還會遇到困難的，但是我們不怕困難，因為我們有天時、有地利、也有人和。什麼是天時呢？天時就是當前的形勢，今天我們已經一步一步打破了困難，創造了新的形勢，可以說這是有利的天時；什麼是地利呢？地利就是地理環境，由於我們不斷努力，使臺灣占了世界上非常重要的地位，這就是地利；至於人和呢？那就是我們全體同胞，都能夠打成一片，一團和氣，這樣人和、家和、國家和，不正是所謂人和萬事興嗎？所以說，我們有著天時、地利、人和，只要我們心連著心、肩並著肩，必定能夠用大家結合起來的力量，造成一個和平、安定、自由、豐足、善良的社會，也就是為自己、為家庭、為國家，造成更大的更多的快樂幸福！

父老兄弟姊妹們：我們還要向在春節中為我們服務的公務、軍警、交通……工作同志道謝，我們大家也一齊來祝福國家民族復興強盛！謝謝大家！

2 月 18 日　星期五　春節

上午

九時三十分，至桃園臺北監獄，向受刑人賀節，巡視監房，探詢受刑人在獄中生活；並囑張齊斌典獄長，在此寒氣凌人時節，須為受刑人增添禦寒設備。

2 月 19 日　星期六

【無記載】

2 月 20 日　星期日

晨

到達馬祖與戰地軍民同度春節，深入北竿、南竿等島探訪民眾、慰問官兵，祝賀軍民春節愉快；並在馬祖防衛部，對駐軍營長以上幹部講話：

今天我和中央黨部張秘書長、經濟部孫部長以及海軍鄒總司令，到馬祖來慰問我們的三軍將士們幾年來對國家的辛勞和貢獻。我們相信，新年就是新的希望，信心就是力量，團結才能進步。今後希望大家能本著以往努力的精神，在司令官的領導下，**繼續努力奮鬥**，來完成消滅共匪、光復大陸國土、實踐三民主義的目標。最後並祝各位春節愉快，勝利成功！

中午

向馬祖軍民告別返臺。

2月21日　星期一

【無記載】

2月22日　星期二

上午

九時，接見新聞局顧問魯潼平及香港報人吳嘉棠。

2月23日　星期三

上午

九時，主持中常會，並向出列席同志祝賀春節健康、愉快。

十一時，接見劉安祺、汪彝定等。

2月24日　星期四

上午

九時，主持行政院院會，提示：

一、去年一年，由於全體國人辛勤努力，所以在春節期間，到處充滿了歡樂氣象，彌足欣慰。

二、今年是非常重要的一年，各級行政機關均須恪盡職責，共同推動國家之進步，對強化國防和加強經建，尤須把握正確方向，努力不懈。

三、拓展國際貿易工作，還須特加重視，並應採必要措施，以獎勵投資，增加生產。

四、布拉哥號油輪在基隆港外失事，原油外洩，各有關
　　機關應通力合作，設法減輕其污染之損害至最低程
　　度。至於責任與法律問題，希交通部與司法行政部
　　妥研處理。

五、各級行政機關對於兼職人員之處理，應依規定從速
　　進行，並於三月十五日前，將處理情形報院。

院會後，主持財經會談。

2 月 25 日　星期五

上午

九時，列席立法院第五十九會期第一次會議，提出口頭
施政補充報告，對當前世局作了一番新的評估。指出今
日匪偽內部大變大亂，是大陸同胞反共怒火的爆發，也
是我們敵後工作的開花結果。如今敵消我長形勢已成，
殷切呼籲國人以鐵血精誠，完成重光大陸使命。並且說
明，我們反共復國的基本國策，決不絲毫改變，也永遠
不會改變。

下午

三時，列席立法院會議，並答復質詢。

六時三十分，參加行政、立法兩院聯合會餐。

2 月 26 日　星期六

上午

八時三十分，主持國防會談。

十時，出席中樞紀念國父月會。

十一時起，在三軍軍官俱樂部，先後接見沙烏地阿拉伯
農業部部長希克、情報局局長昔門司，賴索托國會議長
柯拉聶夫婦等。

2月27日　星期日
下午

六時三十分，參加多明尼加國慶酒會。

2月28日　星期一
【無記載】

3月1日　星期二

上午

九時，列席立法院會議。

下午

三時，列席立法院會議，於答復質詢中表示：

一、農業建設是支援工業的基本力量，政府繼續運用科學方法，使農民所得再提高。

二、政府用人唯才，對人事及考試制度，今後繼續謀求改進。

三、加強逐級授權，使分層負責做到理想地步。

四、督勉全國公務人員，拿出良心和血性，建立真誠服務觀念，為國為民貢獻力量。

3月2日　星期三

上午

九時，參加國家安全會議，就中央政府總預算案作重點說明。

十時三十分，在中央黨部接見世華聯合商業銀行董事長蔡文華等。

3月3日　星期四

上午

八時三十分，接見南非陸軍總司令維容中將。

九時，主持行政院院會。

十時三十分，接見反共音樂家馬思聰夫婦。

3月4日　星期五

上午

九時，列席立法院會議。

下午

三時，列席立法院會議，於答復質詢中表示：

一、我們國家的目的，是光復大陸國土、實行三民主
　　義，絕不變更。

二、我們的政府是行憲的政府，依據憲法，代表人民決
　　定國家大計，只有立法院，沒有別的任何會議可代
　　替立法院決定國家大計。

三、政府與人民間要建立深厚感情，如確能做到這一
　　點，則所有的問題，都能解決。

四、行政院希望多聽批評和指責性的意見。

3月5日　星期六

【無記載】

3月6日　星期日

上午

八時，約美國前駐華大使莊萊德夫婦共進早餐。

十時，深入新竹縣農村、山地（尖石鄉）巡視，慰問農
民、工廠工人與山胞。

下午

一時二十分，至竹東榮民醫院，慰問病患。隨後，巡視

高速公路新竹交流道施工情形、仁風社區，參觀新竹城
隍廟及元宵花燈展。

3月7日　星期一
上午
八時四十分，由屏東縣恆春鎮鎮長龔新通陪同，巡視後
壁湖漁港、訪問漁村、慰問漁民、面告民眾此一良好漁
港，政府決不會廢棄；另並巡視海防部隊及省立屏東醫
院恆春分院。
十一時，蒞臨雲林縣北港媽祖廟，向民眾拜年祝好，並
觀賞元宵花燈展。

中午
巡視臺糖虎尾總廠製糖作業情形。

3月8日　星期二
【無記載】

3月9日　星期三
上午
八時二十分，接見烏拉圭駐華代辦布俠東（辭行）。
八時三十分，接見沙烏地阿拉伯工業暨電力部部長奧格
沙比。
九時，主持中常會。

3月10日　星期四

上午

九時，主持行政院院會，就立法院質詢案之辦理、山區吊橋之整修保固，以及提高外銷產品品質以突破國際設限難關等，分別有所提示。

院會後，聽取人事行政局退撫制度簡報，提示：

改革方案之各項原則，均屬可行，希再週詳研究、考慮、協調，對有關細節作成合理規定，早日循法定程序定案施行。

十一時，接見師範大學校長張宗良等三人。

3月11日　星期五

【無記載】

3月12日　星期六

晨

至青年公園植樹一株，以紀念國父逝世五十二週年及六十六年植樹節。

上午

八時三十分，在行政院大門口，與憲兵連官兵合影。

十時，參加五院院長會談。

下午

三時四十五分，至松山機場歡迎新加坡總理李光耀夫婦來華。

3 月 13 日　星期日

今日飛抵金門訪問，曾深入營房、學校、民宅、市場，
與戰地軍民歡晤。

3 月 14 日　星期一

下午

四時二十分，在高雄中國造船公司，接見美國西部地區
新聞界訪問團，就國際局勢，廣泛交換意見；並指出，
美國與共匪任何接觸，都將助長共匪對大陸人民之迫
害，相信美將遵守與我之條約義務。隨後，巡視中船及
中鋼兩公司作業情形。

七時，在高雄圓山飯店，以晚餐款待新加坡總理李光耀
夫婦。

3 月 15 日　星期二

【無記載】

3 月 16 日　星期三

上午

八時三十分，接見美國歐文銀行董事長華萊斯。

九時，主持中常會。

常會後，接見中央政策委員會副秘書長酆景福等四人。

3 月 17 日　星期四

上午

九時，主持行政院院會。

3月18日　星期五
下午

四時三十分，至圓山飯店訪晤新加坡總理李光耀。

3月19日　星期六
中午

十二時五十分，至松山機場歡送新加坡總理李光耀夫婦
離華。

3月20日　星期日
上午

十時○五分，偕同財政部部長費驊、臺灣省糧食局局長
黃鏡峰，先後至彰化縣政府、員林鎮彰化農田水利會，
了解灌溉用水流量及插秧面積。

十一時，蒞臨西螺鎮農會，詢問一期水稻插秧情形；並
巡視高速公路中沙大橋工地，慰勉工作人員。

十一時五十分，至彰化縣埔心鄉、田尾鄉，巡視灌溉放
水與農友取用地下水配合插秧情形。

3月21日　星期一
下午

四時，接見日本日華關係懇談會幹事長藤尾正行。

四時三十分，接見瓜地馬拉外交部部長莫黎那，就當前
世局廣泛交換意見。

七時，參加瓜地馬拉外交部部長莫黎那代表瓜政府贈勛
我政府官員觀禮。

3 月 22 日　星期二

【無記載】

3 月 23 日　星期三

上午

九時，主持中常會。

3 月 24 日　星期四

上午

八時三十分，代表政府授勳何世禮及胡秩五，酬庸其拓展中港貿易勛勞。

九時，主持行政院院會，提示：

我國是以五權憲法為依據的民主法治國家，政治體制或政府組織與一般民主國家容有不同，但崇尚法治及推行民主的基本精神，則並無二致。關於這一點，每非外國人士所能了解，所以應向他們加以說明；同時下列各點，併須予以澄清：

一、因司法行政部隸屬行政院，誤認為行政干涉司法。

二、因有戒嚴法，誤認為實施軍事管制。

三、將政治犯與叛亂犯混為一談。

四、誤解軍事審判與司法審判之劃分依據及理由，亦應
　　併予說明。

院會後，接見財政部部長費驊。

十時三十分，接見美國艾森豪獎金得獎人魏格瑞。

十時四十五分，接見美國總統前科學技術首席顧問戴維德。

下午

四時三十分，接見臺北市市長林洋港等七人。

3 月 25 日　星期五

上午

十時三十分，巡視臺灣省鐵路局南港客車調車場，慰勉
施工人員與鐵路員工。

3 月 26 日　星期六

上午

九時，主持國防會談。

3 月 27 日　星期日

上午

九時，抵宜蘭參觀礁溪鄉五峰瀑布風景區，並與往遊民
眾、學生閒談、合影。

十時，訪問礁溪鄉三民社區農家，了解其生活情形；並
續參觀五結養鴨中心、五結防潮大閘門及宜蘭東嶽廟。

3 月 28 日　星期一

上午

十時，接見中日中國大陸問題研討會名譽會長船田中。

中午

十二時，至陽明山莊與出席中國國民黨臺北市第四次代
表大會人員會餐，勉勵放棄名利觀念，發揮團隊精神，

團結一致，為黨國奮鬥努力。

下午

五時，接見美國駐華大使安克志。

五時三十分，接見金門防衛司令官李家馴。

3 月 29 日　星期二

上午

十時，參加春祭。

十時三十分，接見國防部中山科學研究院院長唐君鉑。

3 月 30 日　星期三

上午

八時三十分，接見青年獎章得獎人王乾同、方鴻源、洪濬哲、張居聰、葉金義、伍必翔、董振雄、余秀卿等八人，期勉不但要能手腦並用，奮鬥創造，而且還要以誠心、愛心來服務社會、造福人群、報效國家。

九時，主持中常會，宣告中央評議委員會議主席團主席、司法院院長田炯錦先生，不幸於今晨病故，請全體出列席同志肅立默哀。

3 月 31 日　星期四

上午

八時三十分，接見約旦駐華大使沙布雷。

九時，主持行政院院會。

十一時，接見聯勤總司令羅友倫等。

4月1日　星期五
【無記載】

4月2日　星期六
上午

八時，約前美軍顧問團團長戚烈拉共進早餐。

4月3日　星期日
上午

八時三十分，今為岳武穆王八七四歲誕辰，專程至日月潭文武廟向武穆神像行禮致敬；復至孔雀園參觀，與參加自強活動之大專青年寒暄。

九時二十分，參觀埔里紹興酒廠，遊覽地理中心碑，遠眺四週風光。

十一時二十分，抵中興新村，探視臺灣省政府主席謝東閔，就省政工作交換意見。

4月4日　星期一
下午

三時，參加黨政關係談話會，闡釋下年度總預算以國防建設支出增加較多，將用於發展精密武器，加強國防力量，以保衛基地安全，並創機反攻大陸。

4月5日　星期二

發表「其介如石」一文，紀念總統蔣公逝世兩週年。

上午

十時,偕夫人等以家屬身分參加中樞紀念總統蔣公逝世大會。

下午

三時三十分,嚴總統率領中樞首長,抵慈湖謁陵。

4月6日　星期三

上午

九時,主持中常會。

十一時,接見美國羅斯諾普飛機公司總裁潘恩。

4月7日　星期四

上午

八時三十分,接見瓜地馬拉國會議長羅勃士。

九時,主持行政院院會,提示:

茲悉跨越淡水河之中興橋、臺北橋及華江橋等徵收之工程受益費,均已額滿,而省市政府以尚有新建橋樑須作通盤計劃,擬繼續徵收,此事實宜重加考慮。因政府不宜違背過去所作承諾,失信於民,望再作慎重研究。

院會後,接見經濟部部長孫運璿、外交部部長沈昌煥。

下午

三時,主持中央黨部工作會議,提示:

一、海外工作不但要普遍推動,還要作重點部署。

二、有關文化宣傳工作,最重要的還是在於行動與事實

的表現，以及如何自我健全及改變不適當的觀念。

三、今年的輔選工作，要將過去存在的問題改正過來：

（一）要以促成團結作為重要的努力目標。

（二）要教育同志們放棄名利的觀念。

（三）對於有學問、有才幹、有品德而沒有錢的
人，只要黨需要他，就要盡力支持選他
出來。

四時三十分，接見國策顧問陳裕清等。

4月8日　星期五

上午

九時，偕同主計長周宏濤、財政部部長費驊，列席立法
院會議，對六十七年度中央政府總預算案提出概括說
明，強調更新武器、鞏固國防、加強建設，改善國民生
活列為優先。並答復立法委員之質詢。

4月9日　星期六

下午

七時，在高雄圓山飯店，以晚餐款待美國參議員高華德
夫婦，並就當前世局及更進一步促進中美友誼，共同交
換意見。

4月10日　星期日

晨

在高雄圓山飯店，接見高雄市市長王玉雲，指示市政建
設應做好社會福利工作，對少數低收入市民之生活，要

給予妥善的照顧。

上午

八時二十分，巡視高雄縣政府並聽取簡報；隨後至陸軍八〇二醫院，慰問住院官兵，並親至田間察看一期水稻成長情況。

九時五十分，至屏東縣政府垂詢縣政，並至體育場參觀屏東縣第一屆幼童運動會。

十時二十五分，至內埔鄉察看水稻生長情形，訪問農家、農會。

4 月 11 日　星期一

上午

十一時，接見國防部部長高魁元。

4 月 12 日　星期二

上午

十時，接見旅港報人胡仙。

十時十五分，接見美國企管服務團總裁佩斯。

十時四十五分，接見韓國維新政友會議長白斗鎮。

十一時，接見美國夏威夷大學高級研究員包大可。

中午

十二時，接見來華出席輔導會議之外賓──各國退伍軍人協會會長、副會長等。

十二時三十分，與出席輔導會議人員會餐。

4月13日　星期三

上午

九時，主持中常會。

4月14日　星期四

上午

九時，主持行政院院會，再次申述當前經濟政策，係以穩定和發展兼顧為中心原則。要求財經和金融機關，應速訂新獎勵法規，激發工商投資意願，解決業者困難，朝重化工業邁進。目前對外貿易，已到一新的階段，應求提高出口產品質量。同時盼農工商業能自力更生，培養其獨立性，國家建設始能大步向前推進。

院會後，參觀臺灣機械展售會。

下午

四時，接見經濟部部長孫運璿。

4月15日　星期五

上午

八時三十分，弔祭司法院田故院長炯錦。

九時十五分，赴總統府。

4月16日　星期六

上午

九時，主持國防會談。

中午

十二時，約俞國華等共進午餐。

下午

五時，以茶會接待美國參議院外交委員會主席史巴克曼所率領之參眾兩院訪問團，強調中美同有遠大理想，休戚相關，利害一致；並就當前世局與中美外交關係各方面，彼此充分交換意見。

隨後應美國駐華大使安克志之邀，在其歡迎會中，與訪問團人員會晤歡談。

4 月 17 日　星期日

上午

十一時○五分，以軍禮歡迎瓜地馬拉副總統聖多華訪華。

中午

十二時二十分，抵達花蓮，巡視東部海岸山脈西側之產業道路，訪問商店、探詢民眾生活，並深入北迴鐵路南段之崇德隧道，慰問施工人員。

4 月 18 日　星期一

上午

九時，主持國家行政研究班第一期開訓典禮，並講話。

下午

獲知北區大專師生參觀蘇澳港時，因所乘拖船翻覆造成
傷亡事件，至表關切，特指示有關單位全力搜救落水
失蹤的學生，並對不幸罹難者妥辦善後、對受傷者善予
照顧。

4 月 19 日　星期二

上午

八時三十分，接見新加坡副總理兼國防部部長吳慶瑞。
九時十五分，接待前來拜會之瓜地馬拉副總統聖多華。

下午

五時，參加嚴總統款待世、亞盟代表之茶會。

4 月 20 日　星期三

上午

九時，主持中常會，於討論教育部部長蔣彥士同志因大
專院校師生參觀蘇澳港發生覆船事件而引咎呈請辭職，
遺缺由李元簇接充案時，表示：「本人對於本案之處理
程序，先要表示歉意，因此項人事調動案有時間性，故
已於昨日先行發表，今日補提常會報告，可否准予追
認？」經決議：「准予追認。」
九時四十五分，接見美國眾議院國際關係委員會亞太小
組主席伍爾夫及眾議員梅納、畢基和助理國務卿郝爾布
魯克等一行，就當前世局及中美外交關係，彼此交換
意見。

4 月 21 日　星期四

上午

八時，約前太平洋區美軍總司令馬侃上將，共進早餐。

九時，主持行政院院會，鄭重指出：

本月十八日大專院校師生因參觀蘇澳港發生覆船慘劇，實為國家社會重大損失。希望有關單位一方面對救傷卹死，妥善辦理，一方面對此次海難事件，詳為檢討；今後尤須記取此次重大教訓，有所警惕。教育部蔣部長之辭職，是勇於負起行政責任和道義責任之表現；我們行政工作人員，今後要更加勤奮、振作，發揮高度的良心責任感，來挑起救國救民的重擔，願與大家互策互勉。

4 月 22 日　星期五

上午

十一時，接見泰國內政部部長沙穆。

晚

由海軍總司令鄒堅等陪同，乘艦赴烏坵。

4 月 23 日　星期六

上午

深入烏坵民宅、學校和營房，與民眾、學生及部隊官兵歡晤；並巡視地方建設及各項設施，對軍公教人員之辛勞，予以慰勉。

晚

由海軍總司令鄒堅等陪同，抵達澎湖，並赴馬公市區仁
愛路、重慶街、光明路一帶，訪問商號、居民。

4月24日　星期日

晨

在賓館與澎湖地方軍政首長共進早餐，向澎湖縣縣長呂
安德詢問農漁民生活情形及觀光事業發展狀況；並勉勵
軍政首長，對農漁民多加照顧，保持軍民合作團結，建
設澎湖成一個堅強的反共前哨。

上午

七時二十分，參觀臺灣省立澎湖高級水產職校，並至漁
市場向漁民致意。

八時，至澎湖監獄探視受刑人，並參觀其習藝成品。

4月25日　星期一

上午

九時四十分，以禮兵歡送瓜地馬拉副總統聖多華離華。

4月26日　星期二

【無記載】

4月27日　星期三

上午

九時，主持中常會，於外交部部長沈昌煥同志報告美國

對華政策演變與最近美國國會議員組團訪問我國經過後，提示補充兩點：

一、世界上只有「中國問題」而無「臺灣問題」。

二、美國朋友常常問起，你們為何不與大陸接觸？我的答案是：我們是有接觸的——但我們只和大陸同胞接觸，而不與匪偽政權的頭目接觸。

卡特總統最近回復我的一封信中，謂美國外交政策，是以美國安全為其決策基礎，這句話值得注意。目前卡特政府在走前任總統所定的外交路線，不過還在研究與匪關係正常化的方式，而且設有進度與時間表，可見美國對此問題，仍然是一種外交上的運用；不過我們不能掉以輕心，必須密切加以注視和妥善因應。但最重要的還是決定於我們本身的態度和力量；另一方面，對美外交也是一個關鍵工作，應使之加強瞭解與認識我們。這都是本黨今後要努力的方向。

常會後，接見司法院院長戴炎輝、中央常務委員蔣彥士、銓敘部部長鄧傳楷等。

4 月 28 日　星期四

上午

九時，主持行政院院會。

院會後，接見中鋼公司董事長馬紀壯、臺肥公司總經理陳宗仁等。

4月29日　星期五

上午

八時四十分，主持行政院慶生會。

十時，出席中樞紀念國父月會。

4月30日　星期六

上午

八時三十分，接見巴拉圭國防部部長沙曼哥尼。

九時，主持國防會談。

中午

十二時三十分，抵達大林火力發電廠巡視，並聽取簡報，對火力發電運轉順利，表示欣慰。

下午

一時十分，在中船公司接見香港新聞界回國訪問團，於晤談中，請向港澳同胞轉達候念之忱，以及政府光復大陸之信念與決心。

二時，聽取中船公司及中鋼公司綜合簡報。

三時二十分，巡視中船公司即將完成之四十四萬五千噸巨霸型油輪工作情形，並慰勉工作人員。

隨後轉赴中鋼公司，巡視原料碼頭、煉焦工廠、條鋼工廠、小鋼胚工廠。

5月1日　星期日
上午

八時三十分，抵屏東榮民之家，巡視榮民起居及育樂情形，並與榮民閒話家常；隨後赴竹田鄉巡視稻作情形。

九時四十五分，巡視麟洛國中對面興建之糧倉，並至屏東市光華戲院參加勞動節慶祝大會之勞工賀節。

中午

十二時十五分，巡視烏山頭水庫儲水情形，並指示臺南縣代理縣長李悌元多加照顧農民農田用水。

5月2日至3日　星期一至二
【無記載】

5月4日　星期三
上午

九時，主持中常會，首先宣告：

本黨第十一次全國代表大會主席團主席、中央評議委員、駐厄瓜多直屬支部常務委員、立法院立法委員陳錦濤同志，在厄瓜多僑居地被匪徒謀害，不幸逝世，為黨國犧牲，請全體出列席同志起立默哀。

5月5日　星期四
上午

八時三十分，主持行政院六十五年度研究發展特優報告綜合評獎頒獎，勉勵全國公務人員要發揮戰鬥精神，不

斷研究，不斷發展，接受各種考驗，達到最後的勝利。

九時，主持行政院院會。

院會後，觀看「新加坡國民住宅紀錄片」電影。隨後，主持財經會談。

下午

三時，主持中央黨部工作會議，重申執政黨和政府對於內政、外交之堅定立場：絕不放棄大陸主權，亦絕不與匪談判；繼續加強對美國等自由國家關係，絕不與以蘇俄為首之共產集團作任何來往。並提示：

一、大家對今年地方自治選舉，應有一基本看法，就是：只要黨和政府為社會、為民眾，做好應做的工作，則選舉一定可以得到勝利。最重要的是內部團結要加強，嚴防敵人共匪挑撥離間，造謠中傷。

二、我們辦事應該注意兩個原則：

　　（一）某些問題，可以從長研究辦法解決；

　　（二）某些問題，卻須當機立斷，不能拖延；

　　為了社會及民眾的利益，必須立竿見影。

中央黨部工作會議指示

　　今年十一月，五種地方自治的選舉（連同臺北市議員改選），合併辦理。我們大家對這個問題應有一基本的看法，就是：只要政府和黨為社會、為民眾，做好應做的工作，那選舉一定可以辦得圓滿成功。所以，我們要把握時間，精進黨的工作，改革政治風氣，使得政府和本黨、同民眾之間的關係更密切；也要多為民眾解決

問題，改善他們的生活，使一切工作做得更積極，更有效。尤其在遇有困難或者災害的時候，更應當和民眾生活在一起，真正做到血肉相連、患難與共。所以黨的工作要特別加強：第一、黨的內部要分工合作；第二、要注意到基層的工作和民眾的生活。總之，我們要積極地開展黨的工作，有所作為；這樣選舉便可以促進內部的更加團結，也可以針對缺點加以徹底改革，這是對選舉應抱的態度和期望。

黨的從政同志都應注意：凡是涉及與大眾利益有關的問題的法令規章，除非情勢所必需，不要輕易變動，更不要標新立異，也就是不要耍花樣，不要好大喜功，要切切實實把握「平實」二字，積極努力。因為牽涉到大眾的利益，一經變動便會使大家不方便，甚至引起許多的問題，有時處理不當，反而招致批評和怨懟，這就是說，講到法令規章的改革，要從現有的法令規章上加以充實改進，而不宜多所更張，以免民眾無所適從。無論大事、小事，都應作審慎而積極的處理，因為有時在主管人員看來是小事，但在民眾看起來卻是大事，這要看從那個角度去觀察，看它是否和民眾的切身利害有關，是否和國家的整個利益有關。

在此同時要重申我們黨和政府對於內政和外交的立場：

我們在內政方面，絕不放棄對大陸的主權，亦絕不與匪偽政權作任何的接觸和談判；

我們在外交方面，加強對美國等自由國家的友好關係，堅守民主陣容，亦絕不與以蘇俄為首的共產集團，

有任何的接觸來往。這一立場，絕不改變。

本黨是一個有骨氣、有黨格的革命民主政黨，我們以國家和民族為榮，一心一念，都在如何效忠國家民族，時時刻刻，皆為國家民族的光輝隆盛而奮鬥，這就是我們決策的基本態度和依據。

國人有言，「自助人助」，必先能自立自強，然後才能得人之助。此時此地，我們如果只存依賴倖存的觀念，只想他們如何來幫助我們，這種偏差的觀念，實在非常危險。今天我們唯有全黨同志，人人自問對國家如何貢獻，對民眾如何貢獻，下定決心，堅定信念，集中力量，一齊奮鬥，這才是我們自救奮起之道。

我們都知道，國際的變化，雖不是我們所能掌握，所能左右，但我們自己的努力奮鬥，卻是最為重要。本黨任何一次革命，最後的成功，就都決定於最危難的時候。記得對日抗戰末期，日軍進犯到了貴州獨山，向重慶進逼，在這危急存亡之秋，領袖和全國軍民都下定決心，堅定屹立，決不動搖，終於得到最後勝利。現在，在敵人一方面，是其在失敗之前，迴光返照，作瘋狂的掙扎；而在我們一方面，則在勝利之前，一定有其艱難困苦。但是，只要我們全體一心，團結一致，什麼都用不著憂懼。本人深信，只要我們貫徹政策，堅持到底，人人在本身崗位上盡最大的努力，建立信心，一定可以達成勝利的目的。

敵人共匪慣用挑撥離間的手段，造成彼此猜忌，是它對我統戰的最大武器。我們必須了解，今後敵人必會更加造謠中傷，無所不用其極。因為共黨不常常用它自

己的手來打擊我們，它會搬弄旁人的手來打擊我們，甚至以我們自己的手來打擊我們。我們了解共匪這陰謀之後，就要加強團結，對黨外的友人，對站在同一反共陣線上的人，更要一視同仁。至於某些少數不以國家民族為重的人，也要坦白的和他們講，如果破壞了國家的政策和法紀，只是幫助了敵人，對任何人──包括他們自己──都是極大的危害。今天我們不要別人捧場，卻只要求了解，所謂互諒互信，一起努力。可惜這個道理，大家都懂得的，但常常會忘記。

由此，現在要注意的，是我們大家要了解情勢，貫徹政策；了解情勢，是包括對國內外情勢的深切認識；要面對現實，把握癥結。現在我們所關心者，一是基層還有些地方不夠健全；二是仍有少數的人對於本黨的政策，不能了解，甚至對其自身的利害相關的事，也不夠了解。我們今後必須加強對基層和黨外的聯繫服務，使能互相了解，才能達到舉國一致，精誠團結的目的。

除此問題之外，我還看到少數的人，抱著幸災樂禍的心理，這種心理，在我國古代政治上，也有一些例子，往往由於這少數人的興風作浪，以致國家受到傷害。事實上這可以藉輿論使民眾了解，究竟是那些人當國家危急的時候，還在幸災樂禍，興風作浪，把這少數幸災樂禍的人清理出來，就能保持團結和進步。

剛才有位主管同志提到關於政府收購糧食問題；其實這次新的辦法是公平的。原來所定的收購價格，蓬萊米是十一元五角，在來米十元五角，都高過市價，本來的用意，這一價格是要使農民得到百分之十的利潤，但

事實上，現在已可得到比此更高的利潤，經研究結果，為保持政府的信用和農民的利益，決定仍然維持原定的收購價格。其次，去年收購的數量，由於倉儲的關係，有的地區收購達百分之七十至八十，有的地區卻不足百分之五十，顯然有失公平。而且收購額如過高，由於農戶餘糧數額並不平均，將使中農、小農得不到什麼好處。再說，今年政府預計收購三十五萬噸，比去年不但沒有減少，還增加了收購。凡此情形，對農民都應有一個說明。

近來全球氣候失常，本省也久旱未雨，為確保糧食供應起見，政府已經決定，暫不將糧食出口。因為去年豐收，今年要等待糧收達到預期目標，再作決定，這都是為著農民生活和社會、國家的安定而作的決定。

關於警察的問題，由於警察與民眾接觸最多，工作比較繁重，而問題也比較多。現在社會上對警察人員仍時有詬病。當然，在若干地方，警察人員背了不少黑鍋；但不必諱言，也有極少數不肖的警察人員的存在。今年，整頓警政是一重要工作，警政署正在大刀闊斧進行改革，希望黨部也儘量向其轉達民眾的反映。同時大家應該一齊來協助，使警政辦好。

臺北市的公車聯營問題，民眾寫給我的信很多，要趕快研究解決。臺北市政府的準備工作，顯然沒有做好。這是一個和市民生活有著密切關係的問題，在政策上應有一檢討，並在許多細節上加以改進。

關於水的問題，也非常重要。今年第一期稻作，勉強過去了。南部已開始收割。但是除灌溉水以外，飲用

的水也很關重要。對於水的問題，去年政府進行了兩項
建設，一是水太多，要建排水溝；一是水不夠，要建水
庫。關於飲用水，鄉鎮地方的問題較少，因為可以自掘
深水井，來解決飲水問題。但大城市如臺北、高雄、臺
南、臺中市等，現在就要開始注意如何進一步來解決這
個問題。我們一方面要節約用水，一方面要廣開水源，
不要等到無水可用時，不知所措。目前很重要的工作是
另外還要多找其他水源。美國西部從今年二月，就已開
始管制用水。我們現在剛剛開始，不能事到臨頭再想辦
法，要自己去創造，去解決。

我以為，我們辦事應該注意兩個原則：對某一些問
題，可以從長研究，以細水長流的辦法來解決；而有些
問題卻必須快刀斬亂蔴，當機立斷，不能拖延，為了社
會的利益，民眾的利益，必須立竿見影，希望大家都能
切實注意。

5 月 6 日　星期五
【無記載】

5 月 7 日　星期六
上午

八時三十分，接見沙烏地阿拉伯實業家葛紹基等二人。
九時，接見美國約翰霍普金斯大學高級國際研究院院長
奧斯古德博士等二人。
十時，由參謀總長宋長志、陸軍總司令馬安瀾陪同飛赴
金門戰地巡視、訪問：

一、巡視金門縣政府、駐軍營房和建設工程。

二、至金寧鄉頂堡探視八六高齡之翁德賴先生。

三、慰問工作中之工程人員及行政人員；對金門軍政及
　　地方建設，又有新的進步，表示慰佩；勉勵大家更
　　進一步積極奮發，達成復國建國任務。

5月8日　星期日

晨

與金門地區師級以上幹部共進早餐，勗勉大家充實戰
備，強化防務，時時不忘領袖遺訓，自立自強，積極奮
發，完成復國建國任務。

早餐後，飛返臺北。

5月9日　星期一

上午

祝賀張資政岳軍八秩晉九壽誕。

下午

三時，參加國家安全會議簡報。

四時三十分，接見中央研究院院長錢思亮。

5月10日　星期二

【無記載】

5 月 11 日　星期三
上午

九時，主持中常會。

5 月 12 日　星期四
上午

九時，主持行政院院會。

5 月 13 日　星期五
【無記載】

5 月 14 日　星期六
上午

八時三十分，接見尼加拉瓜國會議長胡克等。

九時，接見泰國最高統帥部副統帥堅塞上將。

九時三十分，先後接見宋長志、戴安國、嚴孝章、丁懋時等。

5 月 15 日　星期日
上午

十一時，參加巴拉圭國慶酒會。

5 月 16 日　星期一
【無記載】

5月17日　星期二

下午

五時四十五分，至教育部向李元簇部長提出當前教育重點：

一、應提高學生素質，加強學校訓導工作，辦好師範教育，注重教師品德，培養良好教育風氣。

二、關於民族精神教育及三民主義思想教育，希望教育部有一套整體的作法，由小學開始培養學生的愛國情操，並且養成學生重品德、守紀律、勤勞樸實的習性。

5月18日　星期三

上午

八時三十分，接見厄瓜多爾海軍作戰司令歐梅多中將。

九時，主持中常會，於討論海關緝私條例修正草案時，提示：

現在的走私現象，已非單純的財經問題，業已演變成為政治問題。因為走私進口的貨品，不但是舶來品，而多是大陸匪貨。走私漏網進口的匪貨，進入市場買賣，影響國人心理，甚至美國友人亦問我們：「你們不與共匪貿易，何以市場上有匪貨？」這簡直形成了一個嚴重的政治問題。希望常會和立法委員同志，都能提高警覺，共同設法遏止走私歪風，這才是當前對匪政治作戰的要務。

十時三十分，接見戴安國。

5 月 19 日　星期四

上午

九時，主持行政院院會，於原則通過「獎勵投資條例修正草案」後，提示：

有關單位尤應在簡化手續、改善投資環境等方面徹底檢討改進，以協助投資人順利創業。

下午

四時，接見科導會主任委員吳大猷。

四時三十分，接見哥倫比亞參議院議長羅培茲夫婦。

五時，接見自立晚報發行人吳三連。

五時三十分，接見正聲廣播公司總經理李廉。

5 月 20 日　星期五

上午

八時，約美國大衛甘乃迪共進早餐。

九時，至國立政治大學祝賀該校創校五十週年校慶，並參觀運動大會及新落成之壽字形中正圖書館。

5 月 21 日　星期六

上午

八時，至圓山指揮所聽取中美復興八號演習簡報。

下午

七時，參加美國軍人節酒會。

5 月 22 日　星期日

下午

七時，在高雄圓山飯店接見美國海軍第七艦隊司令包德溫中將，並共進晚餐。

5 月 23 日　星期一

上午

八時三十分，至高雄縣阿蓮鄉中油公司中洲三號油氣井工地聽取簡報，巡視鑽井臺，慰問施工人員。隨後至高雄市立大仁國中，巡視教學情形。

十時二十分，訪問高雄縣大寮鄉溪寮村農友黃順，詢問一期稻作以自動收割機收割情形。

下午

六時三十分，應美國海軍第七艦隊司令包德溫中將之邀，至高雄新濱碼頭，參觀其旗艦奧克拉荷馬城號，並參加歡迎酒會。

5 月 24 日　星期二

上午

七時，在高雄圓山飯店接見高雄縣縣長林淵源，並共進早餐，詢問其訪問歐美見聞及心得、南部地區香蕉產銷情況，囑林縣長要善為照顧蕉農，協助剩餘香蕉內銷。

九時三十分，至臺北市立殯儀館悼祭中央評議委員、駐厄瓜多爾直屬支黨部常務委員、立法委員陳錦濤先生之喪。

5 月 25 日　星期三
上午

九時，主持中常會。

下午

四時，接見中國時報董事長余紀忠。

5 月 26 日　星期四
上午

八時三十分，接見美國海灣石油公司董事長李卡菲。

九時，主持行政院院會，提示：

公教福利品供應辦法實施後，各級承辦人員辛勞盡責，深為欣慰。國防部承辦這項工作之有良好成績，乃由於參謀作業制度之完善和正確。但各級行政機關對於此一良好作業規範，尚未能全面化和制度化。今特建議國防部可否用演講、研習等方式，向各級行政機關廣泛而深入的介紹「參謀作業」之理論與程序，庶可促成行政效率之全面提高，希加研究。

院會後，接見政務委員李登輝。

5 月 27 日　星期五
上午

八時三十分，約美國大通銀行董事長大衛‧洛克斐勒等共進早餐。

九時三十分，接見駐美公使胡旭光。

5月28日　星期六
上午

九時，主持國防會談。

十一時，自臺北飛往臺中，轉往武陵農場訪問。

5月29日　星期日

午餐後，由武陵農場轉往梨山。

5月30日　星期一
上午

九時，自梨山啟程至臺中清泉崗乘機飛返臺北。

5月31日　星期二
上午

十時，出席中樞紀念國父月會。

十一時，接見印尼外交部部長馬立克。

下午

五時三十分，接見美國運通銀行董事長畢理斯。

六時，接見交通部部長林金生。

六時三十分，接見日本議員訪問團。

七時，接見聯合報及經濟日報發行人王惕吾。

七時四十五分，參加南非國慶酒會。

6 月 1 日　星期三

上午

八時十分，至臺北市立殯儀館弔祭國策顧問楊森先生之喪。

九時，主持中常會。

常會後，接見中央委員王任遠。

6 月 2 日　星期四

上午

九時，主持行政院院會。

十時三十分，接見經設會主任委員楊家麟、中央通訊社駐華盛頓特派員洪健昭。

下午

三時，主持中央黨部工作會議。

四時三十分，接見中央委員賴名湯。

五時，接見立法院倪院長文亞。

6 月 3 日　星期五

【無記載】

6 月 4 日　星期六

上午

九時，主持國防會談。

十一時三十分，抵達臺東縣政府，旋即巡視臺東縣警察局。

中午

在臺東市由榮民經營之同心居飯館午餐。

午餐後，首先參觀臺東興業公司鳳梨工廠，繼沿南迴公路先後巡視太麻里及大武鄉公所、大武漁港、大武警察分局、大武國民小學。

回程中，並下車慰問海防哨兵，詢問太麻里鄉秀蘭村農民賴運田所駕割稻機之性能及價格。

下午

六時，由臺東飛返臺北。

6月5日至6日　星期日至一

【無記載】

6月7日　星期二

下午

四時三十分，以電話向臺南市政府詢問連日豪雨成災之損害情形，囑儘速搶救災民，妥善為其解決困難。

四時三十五分，以電話向屏東縣政府詢問豪雨成災情形，並囑對未能聲請用電之稻穀烘乾機，應即與臺電進一步洽商接電，以發揮功能。

五時三十分，接見來華參加「美國與東亞研討會」之美國學者，就當前世局以及美國與東亞關係等問題共同交換意見。學者名單如次：

美國柏克萊加州大學政治系教授西伯雷；

美國喬治城大學甘迺迪學院公共政策主任路費佛；

美國約翰霍普金斯大學外交政策研究中心副主任魯瓦克
夫婦；

美國佛萊契爾外交與法律學院教授坎普。

6月8日　星期三

上午

九時，主持中常會，曾於最後表示：

我有一個小意見，請教各位：就是黨政單位的文書上，
往往用「大員」二字，以後可否不用。改稱「負責同
志」或「負重要責任同志」，語氣便截然不同。不知各
位同志是否贊同。

下午

四時，接見戰略顧問羅英德等六人。

6月9日　星期四

上午

九時，主持行政院院會。為使國內外人士對我國憲政體
制有正確之認識，特就我國憲法及中央制度加以闡釋；
同時說明：

一、我國司法之獨立性；

二、我國並無政治犯；

三、戒嚴法僅適用於涉及國家安全事件；

四、軍法審判程序充分保障被告權益。

並且表示：

中華民國將一本立國精神，為維護憲政體制，屬行民主

政治、保障民權、尊重人權、安定社會秩序、增進人民
福利而繼續努力，一心一德，貫徹始終。

6月10日　星期五

上午

抵屏東縣，巡視屏東市復興新村、萬丹鄉、新園鄉、
東港鎮等地水災後情形，並詢問農民稻穀收成及水費
等問題。

中午

轉赴高雄，途中曾下車察看林園鄉林家村郊農作物因水
災受損情形，並至高雄縣政府聽取災情報告，垂詢農作
物及香蕉受損情形。

下午

三時五十分，至高雄市政府聽取災情簡報，並分別巡視
鼓山魚市場、民族社區國民住宅施工及日前淹水較嚴重
之民族巷地區。

6月11日　星期六

上午

八時三十分，至臺南市政府聽取災情簡報，指示對各業
災民之損失，應設法予以妥善照顧，並巡視仁愛之家、
電動家畜拍賣場及安順國中。

十時四十分，至臺南縣政府聽取災情簡報，指示應儘速
辦理災後修復工作，協助農民解決稻穀發芽問題，並至

六甲鄉龜港村，訪問農家，詢問稻穀收成及田賦、水費問題。

下午

一時，至嘉義縣政府聽取災情及重大工程簡報；並至陳故縣長嘉雄住宅，慰問陳氏遺屬。

二時十五分，至雲林縣政府聽取災情簡報；並訪問軍人服務站、記者公會、公教人員福利品供應中心、雲林醫院及雲林榮民之家。

6月12日　星期日

上午

七時，至溪頭大學池，欣賞天然景色，並在總統蔣公生前常駐足之長欖與中央通訊社社長魏景蒙、南投縣縣長劉裕猷等合影；並至漢光樓拜訪張大千先生。

九時三十分，轉往鳳凰谷訪問茶農周炳照，並聽取鹿谷鄉鄉長林丕耀報告地方生產及農民生活情形。途中聽到南投縣縣長劉裕猷報告日前豪雨南投縣受災輕微報告後，深表欣慰；並囑對受損水利設施，盡速修復。

十時，參觀竹山鎮農村工業區。

6月13日　星期一

上午

七時三十分，自日月潭出發沿途察看稻穀生長情形，欣見結穗纍纍、農民勤奮。

八時十五分，訪問國姓鄉北山村大眾食堂店主張讚盛及

其家人。

九時十分，巡視臺灣省政府，聽取水災情形報告，並指示：

應儘速完成此次南部水災復舊，改善農田水利會水費徵收辦法、辦好今年地方公職人員選舉。

九時四十分，參觀草屯鎮手工業品陳列館，對國內產品製作精良，表示讚許。

6月14日　星期二
【無記載】

6月15日　星期三
上午

九時，主持中常會，提示：

關於行政效率與行政觀念方面，仍多值得檢討，例如：農田水利會在訂定水費的時候，不按市價而依照政府收購稻穀的價格，等於把政府給農民的一點利益給拿走了；日前下雨，農民向當地政府申請劃地裝置稻穀烘乾機，地方政府確認此為一般建築，而不予批准；前一段日子天氣乾旱，農民申請准予安裝抽水機，有些地方也同樣因為沒有執照，不准安裝。凡此皆可見在地方上辦事的人，是如何漠視民瘼，不識大體。希望黨的負責同志，要多瞭解民眾的切身問題，多多負起責任，對民眾有益的事，應立刻負責辦理，即使為此而遭受困阻或誤會，黨和政府也會諒解和支持的。

下午

二時，在鳳山陸軍官校接見三軍官校校長及南部地區軍
事高級幹部。

四時四十五分，由國防部部長高魁元陪同，至中正國
防幹部預備學校聽取簡報，並巡視建校第二年之各項
工程。

6 月 16 日　星期四

上午

六時四十分，巡視陸軍官校區及學生晨讀情形。

六時五十五分，與陸軍官校專修學生班學生共進早餐，
期勉大家要盡忠盡孝，鍛鍊自己，擔當反共救國大任。

十時二十分，主持陸軍官校建校五十三週年暨中正國防
幹部預備學校建校週年校慶典禮，以「國家、教育、
責任」為題，說明教育建設對於國家民族復興大業的
重要關係。

十一時三十分，參加陸軍官校會餐，勗勉官生共同努
力，遵奉總統蔣公遺訓，早日完成反共復國大業。

下午

五時三十分，在高雄圓山飯店，接見日本眾議員灘尾弘
吉，就當前亞洲局勢，廣泛交換意見。

國家、教育、責任

　　今天是陸軍軍官學校成立五十三週年的紀念日，這
不止是我國建軍史上光輝的節日，也是我國教育史上一

個重要的日子。

在五十三年前的今天，領袖奉國父之命，在黃埔創立本校，我們「以武力與國民相結合」的國民革命軍，由此完成了東征、北伐、剿匪、抗戰的光榮戰役，我們陸海空軍更由此擴大了黃埔精神——犧牲的精神、團結的精神、奮鬥的精神，成為如手如足、合作無間、進則同進、戰則同強的革命隊伍，樹立了革命建軍的基礎，肩負了民族的復興大業。

領袖在五十多年領導革命建軍的歷程中，對於國軍幹部，一直提示軍事教育是由哲學、科學、兵學三種學術融會而成的要旨，所以軍事教育的目的，即在於養成領導與統御的知識和能力，使之在戰略戰術的磨練上，在哲學與藝術、科學與技術的修養上，都能融會貫通，充實光輝。根據這一要求，領袖親自釐訂的軍事教育方針，即以生活教育、常識教育、精神教育、組織教育、科學教育、政治教育、戰鬥教育和欺敵教育為條目，而貫注在基礎教育、進修教育和深造教育以及軍事訓練的過程之中。

這就是說，領袖主持軍事教育，首先就確立了一個軍事教育的宗旨，在精神上是以民族道德為基礎，在技術上是以孔子所講的六藝為條目，基於這個宗旨，參照現代各國的軍事教育的精神和方法，依據自己的需要和國力，形成我們軍事教育的具體方針。而這也就是和國民革命軍的建軍大業相呼應、相表裡、相主從。

領袖提示國軍的建軍，一方面要依據我們本國的各種主觀條件與獨立自主的精神，斟酌損益，這就是所謂

「求本」；一方面要能不斷的現代化，不斷的規取進步，這就是求新求行。所以一再的強調大家「在思想上要有新的發展，精神上要有新的鼓舞，性格上要有新的陶冶，生活行動上要有新的規律，治軍風氣上要有新的作法」。

綜合來說，領袖領導國民革命，在國防建設上最重要的勳業，就是樹立國軍軍事思想的體系，提示建軍的方針和實務，指導國民革命軍戰爭制勝的要道，而這三方面也無一不是以軍事教育為基礎，為重心，同時也是以軍事教育的不斷改進革新為建軍大業求本、求新、求行的張本。

軍事教育一方面是國防建設的基礎，一方面又是國家的教育事業之重要一環。這就是說，軍事教育和一般學校教育對整體國家建設的重要性完全相同。領袖常說，「軍事教育要由廣博進於精深，由粗通進於純熟，由學理進於實行」，由軍事教育這一種方法和層次，也就可以瞭解，軍事教育和一般學校教育無論其原理、其精神、其學習方法，原是相通相同。

實在說，無論軍事教育也好，一般學校教育也好，在基本精神上，都要強調一個「重」字，一個「實」字，「重」字工夫就是要做到不輕巧，不虛浮，穩重堅強，不可搖撼；「實」字工夫就是做學問、做人、做事，都要實事求是，實踐篤行。

剛才說過，軍事教育有其軍事的特性，那就尤其要重視軍事教育和軍事訓練的要求——嚴訓精練，這種要求即基於生活教育、常識教育、精神教育、組織教育、

科學教育、政治教育、戰鬥教育和欺敵教育的內容而
來。嚴訓是要求教育的嚴格，精練是要求戰鬥體能、戰
鬥精神、戰鬥方法的精純勁練，也即是要思想的、意志
的、智力的、體能的、組織的無形戰力的總體的磨練，
把這種嚴訓精練而來的無形戰力，運用和發揮到有形的
戰鬥物質上，使人的衝力、活力，擴張戰鬥物質的質
量、動量、速度和強度，而成為遂行作戰的強大力量，
所有軍事教育訓練的學理和實踐行動，都要針對敵情、
針對環境、針對戰鬥、針對現代化建軍的需要，這就是
軍事教育的要求。而這種嚴訓精練的要求，就是「重」
字和「實」字的入手工夫，必如此，教育才能發生實用
大效。

　　由教育工作需要有「重」字工夫和「實」字工夫，
個人聯想到一個當前教育上的問題。前幾天，我接到一
封自稱「一群在學的大學生」的來信，內容主要是對於
學校教育的一些意見，稍感遺憾的是沒有具名。信中所
反映的問題，大意是說：

（一）從國中開始，就有機會讀到國父遺教，一直讀
　　　　到大學，由於教授者多是照本宣科，未能深入
　　　　解釋發揮，所以覺得乏味，得不到真正的精
　　　　髓。不禁懷疑研讀遺教應有的態度和重點，是
　　　　否就是如此？

（二）對於三民主義的研究講解，著重理論，忽略了
　　　　實踐執行方法的講求。

（三）今天是什麼時代了，我們還在死啃理論，我們
　　　　學而優則仕的官僚鄉愿習氣，要到什麼時候才

改呢？

（四）希望學者、專家、教授改一改教法，多教一些
　　　怎樣才能符合實施建設三民主義模範省的要
　　　求，怎樣才能達到復國建國的目的。

（五）學校的教育不能與國家需要相結合，我們中國
　　　有自己的需要，符合我們需要的就是真學問。

　　大體說來，這封信文字頗為通順，也很有參考價
值，不過有些看法，過於武斷，並不合於事實，而且不
免以偏概全。比方說，現在國內各大學對於國父遺教的
教學非常重視，而且教授們，都是孜孜矻矻，焚膏繼
晷，從事清高的教學工作和辛苦的研究工作，對學生
們，更是愛護有加，如同子弟。但是這封信既有這種反
映，諒必有此事實存在，也可看出部分青年學生的心
態，同時由字裡行間，也可了解，這是愛國的反共的有
理想的青年。

　　當然，在這封信中，也是希望理解，三民主義的理
想和實踐之間，其行動和成就究竟如何？要知道，我們
中華民國是基於三民主義，為民有民治民享的自由法治
國家，政府的政策，是本著三民主義而釐訂，各種建設
也是以三民主義理想的實踐而開展。無如在國民革命驚
濤駭浪的歷程中，外寇內賊，交迭為患，尤其是共匪公
開叛亂，所以一再阻滯了我們實踐主義的行動，加之其
間或由於部分主觀客觀條件的尚未成熟和限制，或由於
部分同志體認不切，執德不宏，以至依據三民主義理想
的建設，有的沒有完成，有的不能盡符理想，甚且發生
理論的、計劃的、行為的、事實的偏差，不免使人低估

三民主義實踐性的程度。

　　但是即使如此，六十多年來三民主義的成就，仍是斐然可觀，其造福於民眾，見之於事實的作為，也是有目共睹的。特別是最近二十多年來，在臺澎金馬基地的建設，諸如憲政的宏揚、人權的維護、民生經濟的豐足……使三民主義的實踐，有了新的成就，而其影響還擴大到了深中大陸同胞的人心。並且時勢的推移和思潮的演進，已逐漸顯示三民主義的時代性、道德性和實用性，質言之，時代發展的本身，顯示了三民主義是時代的主流。

　　然而，這「一群在學的大學生」的來信，還是值得我們檢討，事實上，這封信中提出的這些問題，多年來各方面也有同樣的反映，所以領袖健在的時候，即時常引為警惕，提示大家要深研主義的精義，融合新的學術和方法，結合國家的需要，特別是針對如何促進民眾的利益，改善國民的生活，劍及履及，群策群力，來貫徹三民主義。

　　再說，這一封信中反映的意見，明顯的對於大學中三民主義的教學方法，深覺不足，關於這一問題，我們也不能不感到內疚。實在說，在三民主義的教學方面，有少數人的教學方法，還是只注重理論的講授，有的還只是根據教材逐句唸、逐句在黑板上寫，沒有實地參觀，相互討論，多方印證、資料蒐集……，這種教學方法，在大學來說，不能不說是落伍的。而教學又往往不能和研究相配合，於是理論的研究、主義的實踐、教室的授課……根本不相連貫，當然不能滿足青年學生的求

知慾，更不能闡明主義的精義；至於學生為什麼會聽了乏味，為什麼教學的效果不大，也就更無法顧及了。

個人最重視的就是信中所說「我們中國有自己的需要，符合我們需要的就是真學問」這一句話。因為這一句話，和我在前面所講國民革命軍切合自己的環境和需要的建軍精神，適相吻合。事實上，三民主義的基本精神，也就是要使一切國家建設，都合乎中國的需要，三民主義之為真學問，之有真價值，即在乎此。問題在能切實發揮這真學問，真價值為真效果、真成績。

我們都知道，大學中國父思想的教學實在不易，因為每一青年學生，各人求學，有其不同的科系，而每一位教授教師，亦各有其專學專長，從學生求知的角度和求知的需要來看各有專長的教授教師，講解三民主義這一體大思宏的綜合性的學術，有時自難免認為講授過於偏窄，不能引導學生「登堂入室」。舉例而言，講解民生主義，自須對於中國經濟思想、國民革命過程、中國社會結構和性質、當前國家經濟制度和政策、資本主義的蛻變、共產主義的邪惡本質以及自古典學派以來諸如新古典學派、凱因斯理論、福利經濟學、開發經濟學等經濟學說，皆有所了解，而後從理論到實踐，才能融會徵引，比較分析，和大陸匪情、革命形勢、現代學術相結合，使學生豁然貫通。此尚只就民生主義一方面而言，因之三民主義教學，其所需具備的學識非常廣博，那就不僅教授教師的責任很重，即在教學過程中，學生也要從各方面虛心的綜合的來學習、來理解、來體認。領袖一向對於大學中國父思想課程的教學，非常重視，

對於教材、教法和研究都曾迭有指示，而中國國民黨第
十一次全國代表大會所通過的「加強三民主義思想教育
功能」案，對於改進學校教學、加強學術研究、發揮社
教功能，在政策上、作法上，也有明確的釐訂，這都是
在新的時代和新的環境中，針對國家需要和青年學生的
心理和期望的重要作為。

在此，我還要附帶提到，如果有人問我，現階段在
政治上、經濟上貫徹三民主義的作為，其要點究竟如
何？這當然不是可以簡單說明的，不過，現階段的政
策，據我的看法，其精神所在，在政治上，是要消除特
權；在經濟上，是要消除剝削。

多年來，我們所努力而有績效的，如前面所說：

——在政治上是貫徹憲政的作為，保障人權，辦理地方
　　自治，擴大政治參與，但還要加強消除尚未完全消
　　除的特權，包括消除特權的觀念，因為我們認為做
　　得不夠。

——在經濟上是加速經濟建設，改善國民生活，並以經
　　濟手段解決經濟問題；但還要加強消除尚未消除
　　的中間剝削，包括消除剝削的觀念，因為我們也
　　認為做得不夠。

今天我之所以要在這一個軍事學府的校慶典禮中，
談到這個問題，一方面是由於我們的教育建設是以三民
主義的精神和學理為體系為中心，另一方面是由於這
「一群在學的大學生」，在信中希望我說一說我的看
法，不過因為時間所限，只能粗略的講說一個大意，代
替我對這封信的答覆。

　　今天陸軍官校五十三週年校慶，同時也是中正國防幹部預備學校成立週年紀念日，這所學校雖屬初創，但就文武合一的教育來說，具有重大意義。這所學校所教育的學生，是在基礎教育的預備階段，在教育過程中來說，尤其重要。

　　個人常強調，從事教育工作，要有「愛心」，要有「耐心」，即使是大學教育、軍事教育，方法儘管不同，而需要愛心和耐心，其理則一，一有愛心，一有耐心，於是必能嚴訓，也必能精練，而做到「重」字和「實」字的工夫。

　　我國古代教學，注重感化原則、經驗原則、心理原則，而「學記」中，更著重所謂「豫」「時」「遜」「磨」之法，簡單來說，就是要有計劃、有層次、適合時機、適合個性、注重啟發、變化氣質，而愛心和耐心，正是貫注其間，這對西方自然主義、理性主義、經驗主義、實驗主義的教育哲學而言，其能融合實用，更為明顯。至於國父知難行易的學說和領袖申闡的力行哲學，對於教育方法，尤其是重要的啟示。

　　領袖常說：「教育事業即是神聖的事業，亦即聖賢的事業，惟聖賢才能感化他人，才能使一般受教者循乎正道，完滿教育，以達到聖神功化之極。」今天陸軍官校五十三週年校慶，特別就軍事教育以及三民主義教育的精神、原理和教學方法，提出個人的粗略意見，同時也對所有從事神聖的教育事業的同仁，表示敬佩之意，相信我們大家都必能體認對國家、對民族的責任，共同以從事聖賢的事業相勸勉，相砥礪！

6月17日　星期五

上午

八時四十分，先後聽取中台化工公司高雄廠、唐榮公司及臺灣機械公司簡報，並巡視工廠設施，詢問工人生活，對三公司努力生產，表示嘉勉。

十一時十分，訪問高雄地方士紳、前高雄市市長陳啟川先生。

6月18日　星期六

上午

九時，至臺中縣政府，詢問地方建設與日前豪雨損害情形，並巡視各單位辦公情況，對工作人員予以慰勉。

九時二十分，巡視石岡水壩施工情形，慰問施工人員辛勞。

十時，在中興嶺，約集中部地區軍事高級人員談話。

中午

十二時，在陸軍第十軍團會餐。

下午

一時，至苗栗縣政府，垂詢日前豪雨損害情形，並聽取鯉魚潭水庫籌建情形。

三時，至新竹縣政府聽取簡報，並訪問南寮漁港及大陳義胞新村。

6 月 19 日　星期日
【無記載】

6 月 20 日　星期一
中午

至松山機場迎接經濟部部長孫運璿夫婦自美返國,並致慰問之意。(孫部長前因在訪美期間心臟病突發,在美留醫)

6 月 21 日　星期二　端午節
上午

八時三十分,冒滂沱大雨,由慈湖驅車至桃園臺北監獄,慰問在獄中度節之受刑人。

下午

四時四十五分,在淡水河畔參加中正盃龍舟競賽閉幕典禮,頒發優勝獎,並向在場之選手、群眾與外籍人士,祝賀端節愉快。

6 月 22 日　星期三
上午

九時,主持中常會,提示:

今年地方選舉,各級黨部在決定提名候選人時,應本公正、公平、公開的原則,慎選適當的候選人,全黨同志也應發揮革命的感情和道義,在選舉中以全力支持提名同志,為黨為國謀求更大的團結和進步。

常會後，接見參謀總長宋長志。

下午

五時，在中央黨部接見國策顧問陶百川。

6月23日　星期四

上午

九時，主持行政院院會，提示：

關於各級行政機關同仁，要減少應酬的話，過去已經講過，可是現在有些主管每天竟有數次應酬，茲特重申前言，希望徹底改善，以免招惹是非、浪費時間、損害健康，並增加民眾對政府的不良觀感；要把用於應酬的時間和精神節省下來，多作一些有益的事。

6月24日　星期五

上午

十一時，接見韓國中央情報部保安次長全在德。

十一時十五分，接見國防部部長高魁元。

十一時三十分，接見尼加拉瓜總統府新聞秘書白慕德斯。

6月25日　星期六

【無記載】

6 月 26 日　　星期日
下午

四時，訪問基隆市市長陳正雄、八斗子漁港、基隆漁市
場及漁港碼頭，並與工人、漁民、米商等閒話家常。

6 月 27 日　　星期一
【無記載】

6 月 28 日　　星期二
上午

十時，出席中樞紀念國父月會。

十時三十分，接見國防部參謀總長宋長志。

十時五十分，接見國防部總政戰部主任王昇。

十一時十五分，接見日本參議員秦野章。

十一時三十分，接見雷震遠神父。

6 月 29 日　　星期三
上午

九時，主持中常會，於聽取交通部中央氣象局局長劉大
年同志工作報告後，表示：

中央氣象局同仁，平日工作辛勤，尤以在高山、離島測
報站工作同仁，非常辛苦，應予嘉勉。

十時三十分，接見胡戈林、虞為、俞國華等。

6月30日　星期四

上午

八時四十分，主持行政院慶生會。

九時，主持行政院院會。

下午

四時三十分，接見中央黨部青年工作會主任連戰。

五時三十分，接見中央黨部海外工作會主任林清江。

六時，參加教宗保祿六世加冕十四週年慶祝酒會。

7月1日　星期五

上午

九時，巡視大學聯招臺大及金華女中考場，慰問考生及陪考家長；並且表示：

青年人絕對不要以考試來決定成敗，要知前途都操在自己的手中；考取固然可喜，考不取也不要氣餒。

十時，接見美國加州大學教授史卡拉賓諾。

下午

四時三十分，接見外交部部長沈昌煥。

外交部沈部長今天發表聲明，對美國范錫國務卿六月二十九日在亞洲學會發表演說所反映的對華政策，揭出強烈的異議。重申中華民國政府及人民絕對不與共匪從事任何談判的堅定立場，及我國政府與人民將本莊敬自強的精神，朝向既定目標繼續努力奮鬥不懈。

7月2日　星期六

上午

九時，主持國防會談。

十時三十分，啟程赴高雄。

7月3日　星期日

上午

八時三十分，參觀東港鎮供奉媽祖之朝隆聖堂。

九時三十五分，巡視興建中之琉球鄉發電廠施工情形；並對林陳珊老太太捐獻發電廠用地義行，面致嘉許。

十時，參觀烏鬼洞風景區，並巡視海防部隊檢查站。

下午

二時，訪問高雄市市長王玉雲，詢問市政建設情形。

五時五十分，至中鋼公司控制中心，聽取生產部門簡
報；並至日前點火之高爐現場，詳察鐵水生產與操作
情形。

7月4日　星期一

上午

八時二十五分，聽取臺南製塩總廠簡報，並詢問塩工生
活及取消塩稅後之影響。隨後赴臺南市政府，囑張麗堂
市長儘快做好運河整治工作；並訪問安平工業區、大恩
國民住宅及經營公務員油塩等實物配給之瑞美商店。

十時十五分，訪問臺南塩場、塩村，與塩民話家常，詢
問其生活情形，並囑有關人員對環境衛生加以改善。

十一時，飛返臺北。

下午

五時，參加美國國慶酒會。

7月5日　星期二

【無記載】

7 月 6 日　星期三

上午

九時，主持中常會。

7 月 7 日　星期四

上午

九時，主持行政院院會，以今日為七七抗戰四十週年紀念日，特勉勵國人，發揚抗戰精神，緊密團結，不憂不懼，為捍衛國家的獨立自由和民主而努力奮鬥。並且指出：儘管國際局勢在動盪變化之中，但我們的國體國策決不改變。同時正告美國盟邦，切勿與共匪搞「正常化」，否則其後果將不但不能使美國得到利益，而且必然損害到美國及其盟邦的利益，不但不能得到和平，而且更增加戰爭的威脅。

下午

二時十二分，匪偽空軍中隊長范園焱駕米格十九型機起義來歸，安全降落臺南空軍基地。

三時，主持中央黨部工作會議，提示：

一、選舉宣傳的成功與否，最重要的關鍵在於「事實」，一切興革事項，也要以事實來和行動相配合。

二、政府收購餘糧，是要幫助經濟情形較差的中小農戶，對經濟環境已經很好的大農，實沒有再增加其利潤的義務。此外油電價格不提高，政府固因此而多增負擔，但對社會卻有很大的安定作用。

三、我們黨要致力於組織、信仰的工作，尤其要注意求
　　心理上的堅定與平衡，這是幹部修養的要領。

四、一、二小時前，匪空軍一中隊長駕米格十九型機
　　一架，飛到臺南基地投誠，這證明只要我們堅持下
　　去，敵人的黨和匪軍，都要崩潰。

7月8日　星期五
【無記載】

7月9日　星期六
上午

十時，至松山機場歡送嚴總統前往沙烏地阿拉伯訪問。

7月10日　星期日
上午

八時三十分，至臺北市立殯儀館弔祭胡璉上將之喪。

7月11日至12日　星期一至二
【無記載】

7月13日　星期三
上午

八時三十分，接見亞東關係協會駐日代表馬樹禮。

九時，主持中常會，於聽取參謀總長宋長志同仁報告匪
空軍中隊長范園焱駕機投誠簡報後，特別指出：范義士
駕機起義來歸，證明大陸人心的歸向與匪軍士氣的低

落，這是我們反共復國大業日益光明的象徵，更無異是當前姑息氣氛的棒喝和警鐘。從范義士的來歸，我們更應積極的加強對大陸同胞的種種聯繫。我們堅決的相信，范義士此舉，一定會引起更大的反共怒潮，加速反共復國大業的完成。

十一時，接見南非司法、警察暨監獄部部長葛魯克等。

7 月 14 日　星期四

上午

九時，主持行政院院會，提示：

范園焱義士駕機來歸，是一件極有意義，也十分令人高興的事；但是我們於竭誠歡迎他加入反共行列之外，對於當前匪軍動態，必須提高警覺，加強戰備，我們不能恃敵之不來而稍有鬆懈，應恃自己之有備無患，隨時予來犯敵人迎頭痛擊。

下午

二時四十分，在松山機場歡迎嚴總統訪問沙烏地阿拉伯返國。

7 月 15 日　星期五

【無記載】

7 月 16 日　星期六

上午

九時三十分，接見駕機來歸之范園焱義士。對范義士唾

棄共匪暴政、毅然來歸之勇氣與決心，表示佩慰；同時
對其堅定地宣布永遠脫離中國共產黨，並決定加入國軍
空軍行列的行動，表示嘉勉。並以國父全集、蔣總統民
主憲政講詞集各一套與總統蔣公紀念銅像一座，贈予范
義士。

十時二十分，祝賀王雲五先生九十歲壽誕。

十時三十分，偕同副院長徐慶鐘至立法院拜會倪院長文
亞，對全體立法委員在第五十九會期及延會期間不辭辛
勞，審議法案，使法案益臻完善的精神，表示感謝，並
請代為轉達。

7月17日至18日　星期日至一
【無記載】

7月19日　星期二
上午

八時二十分，至臺北市立殯儀館，弔祭方東美教授之
喪，並慰問其家屬。

7月20日　星期三
上午

九時，主持中常會。

常會後，聽取臺灣省、臺北市輔選簡報。

下午

五時，接見日本議員金丸信等。

五時三十分，接見日本議員三池信等。

六時，參加哥倫比亞國慶酒會。

7 月 21 日至 24 日　星期四至日
【無記載】

7 月 25 日　星期一
上午

九時十分，至中央氣象局，垂詢「賽洛瑪」颱風動向，並慰勉工作人員之辛勞。獲悉「賽洛瑪」颱風在高雄登陸，使南部地區造成嚴重災害後，即以長途電話指示高雄市市長王玉雲，全力協助善後事宜；並電話高雄縣縣長林淵源，垂詢香蕉、水稻受損情形。

下午

四時三十分，接見日本眾議員藤尾正行。

7 月 26 日　星期二
上午

九時，至臺電公司總管處理處，垂詢「賽洛瑪」颱風對臺電設備造成之損害情形，並指示全力搶修，儘速恢復正常供電。

十時，出席中樞紀念國父月會。

會後，晉見嚴總統。

下午

二時三十分，約集徐副院長及有關部會首長舉行緊急會議，討論如何搶救「賽洛瑪」颱風對南部所造成之災害，並作成盡早恢復供電，動員國軍協助整建災區等五項決定。

四時五十分，由參謀總長宋長志、交通部部長林金山陪同，巡視高雄市大順橋以北積水地區、左營軍區，指示國軍官兵有關救災事宜。

五時三十分，至臺灣省立高雄醫院，慰問風災受傷民眾。

六時，巡視高雄港港區及災情較重之第二貨櫃中心，並囑高雄港務局局長李連墀，盡速搶修貨櫃吊車，以維持貨櫃之正常營運。

六時十五分，在小港機場，聽取高雄市市長王玉雲、高雄縣縣長林淵源、屏東縣縣長柯文福等之災情報告。

八時，飛返臺北。

7月27日　星期三

上午

九時，主持中常會，呼籲同胞共體時艱，通力合作，進行南部地區災後重建工作，只要大家同心協力，快幹實幹，必能經得起考驗、做得出成績。期望中央各有關部會、臺灣省政府和縣市政府，要有通盤的規劃和迅速的行動，共同發揮高度的行政效率，迅速完成災後重建工作。並特別指出，在南下巡視災情時看到民眾鎮定、守法與合作，實為最佳表現。對於電訊、醫護以及臺電工

程人員和軍憲警人員，在颱風進襲之中，冒風雨、冒危
險，進行搶救、搶修，深表嘉慰。

下午

四時，至經濟設計委員會，聽取「六十六年上半年經濟
情勢的檢討和展望」報告，提示：

一、經濟的發展應與穩定並重，更重要的是在發展中才
　　能穩定，希望經建有關機關，照六十六年的經建預
　　定成長目標，積極推動。

二、關於開放建築等融資建議，原則同意，希有關機關
　　研究辦理，在一個月內提出檢討。

7 月 28 日　星期四

上午

八時十五分，接見駐外人員姚守中、汪希苓、溫哈熊。

九時，主持行政院院會：

一、指出：匪區動亂更將升高，再度忠告美國慎勿墮入
　　共匪陷阱；勉勵國人寧靜致遠、堅持立場、貫徹
　　國策。

二、於聽取臺灣省政府主席謝東閔有關「賽洛瑪颱風災
　　情及善後措施」報告後，指示：

　　（一）各有關單位，要盡力卹死救傷，為民眾解
　　　　　除痛苦。

　　（二）關於救災之全盤措施，前已作成五項決
　　　　　定，希各機關集中一切力量，優先執行此
　　　　　一最重要之工作。

（三）今後在救災方面，應多授權地方政府，使
其有足夠之人力、財力，為民眾作最好之
服務。

（四）各級公務人員，應本「人溺己溺、人饑己
饑」之精神，恪盡公僕職責，使民眾認識
我們絕對是一個為民服務的政府，民眾和
政府永遠緊密團結在一起。

下午

五時，代表政府授勳即將卸任之美軍協防司令史奈德中
將，並舉行茶會表示惜別及歡迎新任司令林德少將。
六時，參加美軍協防司令史奈德中將惜別酒會。

行政院院會談話

　　大陸匪偽政權在連年不斷的內訌，內鬥之下，最
近將曾被指為「走資派」、「右傾份子」和「階級敵
人」、且兩度被整肅的鄧匪小平又復偽職，這在一群反
復無常的狂徒來說，今日為酋，明日為囚，原不足怪，
只不過再次暴露其只知奪權、不顧人民疾苦的邪惡本質
而已。

　　但由於鄧匪的所謂「復出」，一般人僅從表面觀
察，認為是匪黨各派系間的鬥爭取得妥協，因之匪偽內
部可能出現一個暫時安定的局面。實則我們要指出，這
決不是匪黨內部鬥爭的結束，而是另一次分裂決鬥的開
始，匪區的動亂也更將升高。因為匪酋之間的矛盾衝
突，根本在於對統治權力的你搶我奪，誰能掌權，誰就

迫害異己，循環整肅，永無休止，結果必是愈鬥愈烈，愈鬥愈亂，一直鬥到滅亡為止，而真正受害者則是大陸苦難的同胞。

然而我們必須提高警覺，國際上一些別有用心的人，正可能企圖利用匪偽的這一表面假象，來促成美匪所謂「關係正常化」的進行，而匪方也勢將乘此機會加緊對美的勾誘與脅迫，使美國接受其無理要求。對於美國政府之與共匪進行「關係正常化」，我於本月七日院會中已經忠告美國友人：其後果將不但不能使美國得到利益，反而會使美國喪失許多利益；不但不能得到和平，反而會製造戰爭的危機。今願再進一言，以美國居自由世界領導地位，其決策得失對整個世界人類之影響將極深遠，如果美國不慎不察，不辨利害是非，誤墮共匪陷穽，則吾人可以斷言，一旦所謂「關係正常化」完成，目前亞洲勉暫維持的和局必將不保，爾後美國欲恢復其在亞太地區的利益與強國地位，恐將付出極大之代價。

尤其我們希望美國必須認清一項事實：中華民國的社會制度、政治制度及思想型態各方面，與美國基本上相同，都是一樣的愛好和平、崇尚自由、堅守道義、尊重誠信。如今美國去和共匪進行「關係正常化」所能接觸的只不過是一小撮騎在大陸人民頭上的匪酋頭目，就無異去鼓勵這個極權暴政繼續統治中國大陸，其結果更將延長中國大陸人民的痛苦及與自由世界的隔離，對美國與整個世界究竟是利是害？是禍是福？實極明顯。

面臨今日情勢，我中華民國凡能有助於和平與自由

者無不盡力為之，但損及到我國家權益與國格尊嚴者，我們誓必反對，也必誓死來衛護自己國家的獨立與安全。我們明白在國家生死存亡的關頭，唯有拿出堅忍勇毅的精神來克服困難，唯有依靠自己的力量來發奮圖強，才是最真實、最可靠的憑藉。

中華民國已有六十六年的奮鬥歷史，在國父和總統蔣公堅苦卓絕的先後領導下，寫下無數光輝燦爛的史頁，政府與人民早已血肉相連，結成一體，突破了許多狂風暴雨、驚濤駭浪的衝擊，通過了無數危疑震撼、艱難險阻的考驗，所憑恃的就是自立自強的堅決意志，不屈不撓的剛勁毅力。未來歲月中，可能再有大風大浪的到來，我們自當不畏懼，不動搖，不屈服，以堅韌、冷靜、沉著來應付一切變化，以團結、奮鬥、前進來迎接一切挑戰。

事實上，今天以我們中華民國對亞洲安定的貢獻，以我們國防、經濟的力量和精誠一致的決心，在國際變局中掌握著一項重要變數，我們深信任何國家在其決策上不能忽視我國的立場與力量，我們要昂起頭來，挺起胸來，跨開大步，勇往直前，才是我們的出路。

我們的出路是同心協力，強化建設，有清明的政治，壯大的軍備，繁榮的經濟，安定的社會，人人貢獻熱誠，個個竭盡智能，以國家興亡為己任，置個人死生於度外，際此關鍵時刻，團結便是力量，凡吾國人，務須萬眾一心，共輸忠忱。寧靜方能致遠，最狂暴的風雨，不能攪擾內在的寧靜，我們須以無比的鎮定，堅持立場，貫徹國策，爭取我們最後的勝利！

7 月 29 日　星期五

上午

九時，由政務委員周書楷陪同，再赴南部——臺南、屏東、高雄等縣市，實地了解颱風過後災情，慰問災區民眾，勉勵重建工作人員，要以救災如救火的迅速、切實精神，盡最大努力，使這場災患消弭於無形，並強調我們必能衝過重重難關。

7 月 30 日　星期六

上午

八時三十分，先後巡視陸軍官校、中正國防幹部預備學校及步兵學校，聽取對災後清理工作簡報，對各校能迅速整理校園恢復舊觀，表示嘉許。

下午

六時三十分，參加美國駐華大使安克志歡送卸任美軍協防司令史奈德中將之餐會。

7 月 31 日　星期日

下午

分別與基隆市市長陳正雄、宜蘭縣縣長李鳳鳴、臺北縣防颱中心及臺北市市長林洋港通電話，詢問「薇拉」颱風情況及防颱措施，並囑注意疏散低窪地區民眾。

8月1日　星期一

上午

六時十分，至臺電總管理處，巡視有關設備被颱風吹損情形，指示儘速搶修輸電設備，並慰問工作人員辛勞。

六時三十分，至中央氣象局，垂詢「薇拉」颱風登陸北部之經過，並慰勉工作人員。

七時三十五分，先後與新竹縣縣長林保仁、基隆市市長陳正雄通電話，詢問風災情況。

八時，接見國防部部長高魁元、經濟部部長孫運璿，並約集部會首長會議，聽取臺北市市長林洋港及其他單位之災情報告，並決定：恢復臺北市水電交通、充分供應民生用品、軍方協助救災及基隆港維持暢通等項，交有關單位迅速執行。

九時二十分，至臺北縣政府，垂詢地方災情。

下午

四時三十分，接見主計長周宏濤等六人。

五時，接見輔仁大學校長于斌樞機主教。

8月2日　星期二

下午

五時，至基隆市政府聽取颱風災情簡報，並巡視八斗子漁港、基隆貨櫃中心碼頭、協和火力發電廠及安樂社區等地災情，慰問工作人員。

8 月 3 日　星期三

上午

九時，主持中常會。

8 月 4 日　星期四

上午

九時，主持行政院院會，將上月二十七日在經設會所作之十一項裁示，在會中予以確定，要求各有關單位共同努力，達成經濟成長目標，並希望在一個月內將研辦情形，提出檢討。另並提示：最近兩次強烈颱風來襲，不幸造成許多傷亡和公私財產的損失。當前急務，除儘速全面恢復水電供應外，應以「復校」、「復工」和「復耕」三項工作為主；並應在工程、交通、水利設施、電力、自來水等方面，接受損害的教訓，分別檢討研究，切實改善。救災是緊急任務，各級行政單位應樹立「救災第一」、「服務第一」的觀念，凡於民有益的事，都應盡力為之，決不可墨守成規，以致增加民眾的損失。十一時二十分，巡視災後整建部隊，對官兵在復舊工作中之良好表現，予以嘉勉。

下午

三時，主持中央黨部工作會議。

行政院院會十一項裁示

（一）經濟設計委員會提出的「六十六年上半年經濟情勢檢討與展望」及各位財經首長發表的意見，

都極為重要。現在先從基本上看，「在穩定中
求成長，在成長中求穩定」的原則不變，但不
成長就不會有穩定，而且不進則退，甚至不成
長就要萎縮，因為在當前國際經濟劇烈競爭的
情勢下，如不前進，定必落後，所以必須把握
此點，繼續不斷的維持蓬勃的發展。今年下半
年仍應按照經建計畫所訂的經濟成長目標，努
力達成。

（二）我們應加強現有工業的國際競爭能力，協助其
改善設備，以提高生產力；積極獎勵電子、機
械、運輸工具、化學等工業的發展，以增強國
防工業的基礎。十項建設中，其中六項是交通
建設，一項是電力，其餘三項是重化工業。在
重化工業中，要研究使中鋼公司充分發揮作
用，使其帶動如整套機器、發動機及汽車製造
等相關工業的發展，並將之納入現行六年計畫
的後四年計畫中，積極推動，以加速改善我國
工業結構。

（三）對重化工業須穩定上游工業產品的供應，確定
其合理的訂價政策，建立必要的融資制度，以
鼓勵下游產業的發展。

（四）民營事業的榮枯，與國家經濟成長關係至鉅，
故應有計畫的指導與輔助其發展，提示可行的
投資方向。但如在某一階段或某種環境之中，
民營事業投資趑趄不前時，國營事業及公共建
設於平時投資之外，應視經濟情況作密切的配

合，帶頭領導來帶動民營事業的發展，促進經

濟的持續成長。

（五）國民住宅的大量興建，有利相關工業的開展，

亦為刺激經濟景氣的有效途徑之一，應可考慮

開放對建築業的融資，並積極推動國民住宅興

建計畫。現有省、市國民住宅推動機構，請財

經小組研究，是否加以合併成為一個專門機

構，並請李政務委員國鼎負責綜合督導，全面

積極推動。

（六）擴大承包海外工程，甚為重要，應對有關各國

經濟建設計畫作深入研究，就我國所能提供服

務及合作者，全力配合。

（七）應鼓勵民間組織與發展綜合貿易商，加強蒐集

國際商情資料與培訓貿易專業人才，促進具有

規模廠商在海外設立貿易推廣分支機構，便利

業務與技術人員及承包海外工程所需勞工出

國，以擴大對外貿易。

（八）獎勵投資條例修正後，應全力繼續改善投資環

境，除應澈底執行該條例之規定，並從速擬定

改善投資環境具體方案外，應特別重視各項行

政手續的簡化。過去投資業務處對於促進投資

曾發揮很大作用，改隸經濟部後，其工作情形

與效率應加全盤檢討改進，使其發揮指導投資

方向及為投資人提供有效服務的責任。經設會

亦可邀請業者交換意見，了解實際情況，提出

改進辦法，凡是政府部門應該做的，必須全力

以赴。

（九）工業技術研究院應積極配合經濟發展的需要，主動的從事研究工作。我們應加速科技發展，由勞力的輸出轉變為技術的輸出，由數量的增加轉變為品質的提高，使我們的經濟發展邁向更高的境界。這就經濟的長期發展言，是一項極重要的工作，請李政務委員國鼎與徐主任委員研究積極推動的具體辦法。

（十）關於人力、水資源、及土地三者如何作合理分配與有效的運用，由經設會作專題研究。經設會前曾對人力計畫提出簡報，應重新加以檢討。

（十一）關於同業公會為業者與政府間的橋樑，如何健全各同業公會的組織與提高其功能，以及如何兼顧勞工福利及經濟發展，以促進勞資合作，可由經濟部與內政部研究改進。

8月5日　星期五
【無記載】

8月6日　星期六
上午
九時，主持國防會談。
會談後，接見國防部部長高魁元。

8月7日　星期日

上午

九時三十分，飛抵花蓮巡視北迴鐵路崇德隧道，聽取門型鑽堡機之施工方式，慰勉施工人員。

十一時三十分，至花蓮宿儒前文獻會主任委員駱香林靈前弔祭，並慰問駱氏遺屬。

中午

巡視花蓮港第三期擴建工程、花蓮榮民之家及駐軍部隊。

8月8日　星期一

【無記載】

8月9日　星期二

晨

至臺北市立殯儀館弔祭沈剛伯教授之喪。

上午

九時三十分，抵臺中成功嶺，聽取大專學生暑期集訓班簡報。

十時，主持大專學生集訓第一梯次結訓典禮，以「挺起胸膛、勇往邁進」為題，勗勉全體學生堅定信念、堅守目標、堅持主義、堅忍奮鬥，並強調團結一心，才能生存，反共到底，才能救國。這就是求安定、求進步、求勝利的最大保證。

十一時三十分，與全體參加集訓學生會餐。

中午

十二時○五分，巡視臺中市政府，並聽取市政建設
報告。

今日美國基督教科學箴言報，在介紹我國之特刊中，登
載該報記者馬丁之訪問院長專稿，院長在答復其所提問
題時，強調中美合作，互相信賴，是維護和平的要素。

美國基督教科學箴言報訪問專稿

一、

問：閣下是否認為卡特政府執政期間，美國對華政策將
　　會有所改變？

答：中、美兩國間傳統關係一向親密友好，本人確信
　　兩國間的繼續合作與信賴，對於保障亞太地區的安
　　全，以及維護世界和平都是不可缺少的要素。作為
　　自由世界的領導國家，美國並應深切瞭解，無論共
　　匪如何掩飾，基本上，其好戰擴張本質始終不變。

二、

問：卡特總統警告其他國家違反「人權」一事，曾否引
　　起貴國任何特殊困擾及關切？

答：本人對卡特總統呼籲國際間崇尚道義、尊重人權一
　　事，深感敬佩。我國為一民主憲政國家一向重視人
　　權，惟對大陸上八億人民在共產極權統治下，過著
　　牛馬不如的奴役生活，毫無自由及人權可言，不僅

極為關切，而且我們還有拯救他們，使之得到自由及人權的責任。

三、

問：中華民國如無「中、美共同防禦條約」的保護，是否仍能繼續生存？

答：「中美共同防禦條約」為美國在西太平洋集體安全體系之一環。該項條約倘不存在，不僅嚴重影響中華民國之安全，美國及西太平洋自由國家之安全，及整個亞太地區之安定與繁榮，亦將蒙受嚴重之損害。

四、

問：世界其他各國政府如繼續承認中共，是否將會使中華民國在經濟上遭受任何特殊困難？

答：中華民國對自由民主國家皆願保持良好之外交關係，但本人深感懷疑若干業已承認中共之國家，究竟已獲何種利益，事實上若干國家，表面承認中共，實則深具戒心。但其對我之友好，每遠在對中共之上，此實為矛盾之現象。至于此一形勢能否影響我國經濟，目前我國經濟高度發展之情形，即為良好證明。

五、

問：國際投資者是否將會因畏懼中共日後可能對臺灣之經濟加以打擊，因而對在華投資一事，有所顧慮？

答：國際投資者，多來自有實力之工業化國家。就常情言，對中共理應無所顧慮，且臺灣社會安定，投資環境良好，有此條件，是則國際投資者自有考慮，

當無任何徘徊瞻顧之必要。

六、

問：閣下是否覺得中華民國力足肆應未來經濟的不景氣
　　及世界貿易趨勢與型態之改變？

答：中華民國在最近二、三年間曾經學習到許多控制
　　通貨膨脹和應付經濟景氣衰退的經驗，使世界經濟
　　循環所加予我國經濟之損害減低至最少程度，我們
　　正致力於改善財稅結構及強化各種經濟制度，相信
　　今後我們更可堅強應付任何經濟衰退之衝擊。我們
　　也預料到國際貿易的趨勢和型態，會繼續不斷的改
　　變，全國上下目前正努力調整我們的生產結構，健
　　全和發展我們的貿易組織，準備接受任何的挑戰，
　　決心維持對外貿易的穩定成長。

8月10日　星期三

上午

九時，主持中常會，於通過臺北市第三屆市議員、臺灣
省第六屆省議員及第八屆縣市長候選人的提名人選後，
特別指出：

全黨同志要貫徹這一決定，同時希望全體選民支持本黨
的候選人，使他們順利當選。本黨亦必要求當選的黨
員，積極為國效命，為民服務。也深切希望黨外人士踴
躍參加競選，達成全面一致的公開、公平、公正的選
舉，並以和諧與團結為共同努力的目標。

十一時，接見沙烏地阿拉伯實業家夏博克希等。

8 月 11 日　星期四

上午

八時三十分，接見美國駐華大使館即將卸任之副館長彭博及新任副館長蘇禮文。

九時，主持行政院院會，於聽取經濟、交通兩部風災復舊報告後，提示：

一、臺電員工以及許多退休員工，搶修線路，工作感人，應查明獎勵，其他參加救災單位之有功人員，亦照此方式辦理。

二、希有關首長儘快解決工廠用水問題及提供融資給需要之事業單位。同時也希望所有生產事業接受風災教訓，作必要的檢討改進。

8 月 12 日　星期五

上午

七時五十分，往祭司法院田故院長炯錦。

八時三十分，接見日本眾議員山中貞則。

8 月 13 日至 15 日　星期六至一

【無記載】

8 月 16 日　星期二

下午

四時三十分，接見立法委員康寧祥。

五時五十分，參加六十六年國家建設研究會園遊餐會，期勉國內外學人：

建設一個富強康樂的新中國，是這一代中國人的共同願望，也是所有海內外同胞責無旁貸的重責大任，我們都應站在自己的崗位上，團結奮發，一起來完成這一神聖的使命。

8月17日　星期三

上午

八時四十五分，接見臺灣省政府主席謝東閔及省議會議長蔡鴻文。

九時，主持中常會。

常會後，晤見立法院院長倪文亞等。

8月18日　星期四

上午

九時，主持行政院院會。

九時三十分，聽取糧食簡報。

下午

四時三十分，至財政部聽取有關加值型營業稅簡報，對此構想中之新稅垂詢甚詳；並指示於近期內向行政院提出詳細書面報告。

8月19日　星期五

上午

十時，接見美國總工會副會長瓦德等三人。

十時三十分，接見韓國政黨訪問團十五人。

十一時三十分，接見美國駐華大使安克志，就當前中美
關係及美國國務卿范錫訪問中國大陸一事，交換意見。

中午
十二時，接見外交部部長沈昌煥及政務委員周書楷。

8 月 20 日　星期六
上午
八時，主持六十六年黨務工作會議，期勉全黨同志，在
世局混亂時刻，要沉著而不衝動、堅定而不猶豫、寧靜
而不浮躁、勇敢而不退縮，克服一切艱難險阻，達到國
民革命的最後勝利成功。
十時三十分，主持陸海空三軍官校暨政治作戰學校聯合
畢業典禮，勗勉全體畢業學生，淬勵革命軍人的三信
心，親愛精誠，積極奮發。

中午
與三軍高級將領及參加聯合畢業典禮之全體師生合影、
會餐。

下午
六時，與出席黨務工作會議同志會餐。

8 月 21 日　星期日
我國青棒及青少棒代表隊，今日分在世界大賽中衛冕成
功，特分電致賀。

下午

與高雄市市長王玉雲通電話，詢問「愛美」颱風對高雄
之影響，並囑盡力做好防颱工作。

8月22日　星期一

分別與屏東縣縣長柯文福、嘉義縣代縣長張炳楠及南投
縣縣長劉裕猷通電話，詢問颱風情況，並囑防範海水倒
灌及注意民眾安全。

下午

六時○五分，至中央氣象局，了解愛美颱風動向，並慰
勉預報中心人員。

8月23日　星期二

上午

九時三十分，接見美國民主黨全國委員會副主席布
朗等。

十時，巡視經濟部，並聽取當前國內外經濟情勢簡報，
提示：

一、希盡一切力量克服最近兩次風災所帶給經濟成長的
　　影響。

二、期望對目前行政院公布之改善投資環境實施要點，
　　積極推行，以收實效。

8 月 24 日　星期三

上午

八時，主持中央黨部談話會。

九時，主持中常會。

中午

十二時，與革命實踐研究院學員會餐。

8 月 25 日　星期四

上午

八時三十分，接見哥斯達黎加國會議長蘇雷所率領之國會訪問團。

九時，主持行政院院會，對即將向立法院第六十會期提出之施政報告交換意見時，曾就全國軍民亟應努力之大政方針，作了重要的提示。指出目前國際逆流仍未平息，深信以舉國一致之精神，必可衝破任何難關。並就目前之經濟、政治、文教、國防、外交各方面以及大陸情勢，作了總結談話。

院會後，主持政治小組會議，並接見錢思亮、俞國華、費驊、孫運璿等。

8 月 26 日　星期五

上午

十時，出席中樞紀念國父月會。

下午

八時，接見美國主管東亞及太平洋事務之助理國務卿郝爾布魯克（曾隨范錫國務卿訪匪），向其指出：希望美國認清敵友，不要與匪進行所謂「關係正常化」，惟有增進中美兩國友好合作，才能確保美國在亞洲的利益，也才能維護亞洲的和平。

晚

外交部發表聲明：美匪任何協議，中華民國政府一律不予承認。

外交部聲明

目前盤踞中國大陸的共匪乃一叛亂集團，絕對無權代表中國人民。美國與共匪偽政權間若因此次訪問而有涉及中國及中國人民權益的任何協議或諒解，中華民國政府一律不予承認。

美國政府與匪偽政權交往的任何步驟必將在亞洲及世界其他地區製造新的戰爭危機；無疑地，將違反美國追求和平的目標。

過去廿餘年來，中華民國政府及人民致力發展民主制度及自由經濟，使現居臺澎金馬的一千六百餘萬中國人享受安和樂利的生活，此實為大陸八億中國人民及海外千萬華僑希望之所寄，亦為東北亞及西太平洋地區和平安定的屏障。美國政府於與共匪接觸之時，對於其本身之長期利益，以及對亞洲與整個世界和平之影響，應加深思熟慮，以免造成無法補救之錯誤。

　　中華民國政府仍將繼續堅持反共國策，為達成使我大陸同胞重獲自由之神聖任務而奮鬥不懈。

8月27日　星期六

上午

八時三十分，接見日本參議員訪問團佐藤信二等。

九時，主持國防會談。

十時三十分，飛往高雄。

下午

四時，在高雄中鋼公司，接見美國女性新聞人士訪問團，重申中華民國政府反對美國與共匪進行「關係正常化」之堅定立場。

隨後，接見高雄市市長王玉雲，垂詢高市風災後復建情形；並囑應儘速實施都市更新計劃與興建國民住宅，供低收入市民居住。

五時三十分，在中鋼公司，接見中鋼公司董事長馬紀壯、總經理趙耀東，聽取有關中鋼之建廠進度、試車情形及生產成品簡報；並接見中船公司董事長王先登，聽取四十四萬五千噸巨型油輪試車情形及業務狀況報告。

8月28日　星期日

凌晨

我國少棒代表隊，在美獲得世界冠軍，特電致賀。

上午

八時，抵達高雄縣政府，向縣長林淵源詢問災後重建之建材供應以及國中、國小校舍修復情形。

九時，抵達屏東縣萬丹鄉，聽取縣長柯文福，鄉長黃昌臨有關災後復建工作報告；並至萬丹國小，巡視野積稻穀，指示改善辦法。

九時三十分，訪問新園鄉仙公廟市場，向攤販詢問中元節物價情形。

十時十分，訪問枋寮鄉漁家；慰問附近海防部隊官兵，嘉許協助漁民重建家園。

十一時，巡視楓港海堤。

十一時四十分，訪問恆春鎮鎮長龔新通，並在其住宅小憩。

下午

巡視後壁湖漁港漁民住宅二十二間興建情形，並囑應在年前完工。

五時，巡視馬岐山核能三廠工地，慰問施工榮民。

六時，巡視臺灣畜產試驗所恆春分所。

8月29日　星期一

上午

八時，巡視恆春海防部隊，慰問其戍守辛勞，嘉勉其愛民成效。

九時三十分，飛返臺北。

8 月 30 日　星期二
【無記載】

8 月 31 日　星期三
上午

九時，出席國家安全會議。

十一時三十分，接見美國駐華大使安克志。

9月1日　星期四

上午

九時，主持行政院院會。

院會後，聽取南迴鐵路籌建簡報。

十一時，接見沙烏地阿拉伯駐華代辦夏博克希（辭行）。

下午

三時，主持中央黨部工作會議。

四時三十分，接見日本民社黨國會議員訪華團。

9月2日　星期五

【無記載】

9月3日　星期六

上午

十時，參加秋祭。

十時二十分，蒞臨國軍英雄及莒光連隊長座談會場，勉勵不僅要發揚國軍光榮的歷史傳統和革命精神，更要開拓國民革命軍的光明前途。深信只要奉行領袖遺訓，繼續犧牲、奮鬥、努力，一定能完成光復大陸的目的，告慰領袖在天之靈。

致電旅日華僑王貞治，祝賀其創新棒球全壘打世界紀錄。

9 月 4 日　星期日
【無記載】

9 月 5 日　星期一
上午

十時三十分，至松山機場，歡迎青棒、青少棒及少棒代表隊凱歸，向每一隊職員握手致賀，並慰勉其辛勞。

9 月 6 日　星期二
上午

九時十分，祝賀立法委員王秉鈞先生九十壽誕。

9 月 7 日　星期三
上午

八時四十五分，接見全國棒球協會理事長謝國城，對其領導全國棒球運動，青棒、青少棒及少棒隊同獲世界冠軍之辛勞，慰勉有加。

九時，主持中常會。

9 月 8 日　星期四
上午

八時十五分，接見韓國文教部長官黃山德。

八時三十分，接見科導會主任委員吳大猷。

九時，主持行政院院會。

院會後，主持財經會談。

9月9日　星期五
上午

十時，至臺北鐵路醫院探望臺灣省政府主席謝東閔，對其左眼白內障順利摘除，表示欣慰，並希靜心休養。隨後巡視該院設備情形，並與候診病人握手問好。

十一時，接見日本參議員玉置和郎。

9月10日　星期六
上午

九時，抵達臺中縣政府聽取工作報告，並至縣府禮堂向參加聯誼活動之後備軍人幹部一千多人致意。

九時二十五分，訪問潭子加工出口區、台灣佳能公司、自來水公司豐原水廠及石岡水壩，並慰問水壩施工人員。

下午

訪問梨山山胞，巡視福壽山農場，慰問退除役官兵。

9月11日　星期日
上午

九時，巡視宜蘭縣大同鄉南山村衛生所、派出所及村辦公室，向山胞及保健人員問好。並至四季村訪問退役軍人孫震及大同國中。

十時五十分，參觀棲蘭山施工中之青年活動中心，並囑在施工中應特別注意安全；並於午餐後，至宜蘭、桃園兩縣交界處明池桃蘭亭休息。

下午

一時二十分，離開明池返臺北，行前特囑宜蘭縣縣長李鳳鳴，務本「公平、公正、公開、守法」原則，全力辦好今年選舉。

9 月 12 日　星期一

上午

十一時，接見美國進出口銀行總裁摩爾等。

十一時三十分，接見日本日華關係議員懇談會會長灘尾弘吉。

9 月 13 日　星期二

【無記載】

9 月 14 日　星期三

上午

八時三十分，在中央黨部晤見立法院院長倪文亞。

九時，主持中常會。

常會後，接見國策顧問陶百川。

下午

四時，至農復會聽取簡報，提示：

財經及農業部門首長，應繼續研究提高農民收益，縮短貧富差距。

六時，與出席國防部工作檢討會議人員會餐。

9月15日　星期四

上午

八時三十分，接見美軍顧問團卸任團長馮納及新任團長
崔仕克。

九時，主持行政院院會。

院會後，聽取經設會「綜合開發計劃」簡報。

十一時，接見烏拉圭國防部部長拉維納。

下午

六時，參加哥斯達黎加、尼加拉瓜、瓜地馬拉聯合國慶
酒會。

9月16日　星期五

【無記載】

9月17日　星期六

上午

十一時○五分，抵達臺中成功嶺，巡視暑訓大專學生烈
日下操課情形，並勉勵結合信心、決心與毅力，開創國
家與個人的光明前途；並謹記領袖遺訓：「天下無不成
之事，亦無打不倒的敵人。」只要堅定沉著，勇往直
前，必能達成反共復國的神聖使命。

中午

至一學生連大專學生，共進午餐。

下午

一時，巡視霧峰鄉臺灣植物保護中心，慰勉工作人員，
並望研定各種農作物對農藥之適應量，以免作物中殘餘
農藥，危害人體健康。

9 月 18 日　星期日

晨

至日月潭畔松柏崙公園，瞻仰恭建中之總統蔣公銅像。

上午

九時二十分，訪問埔里鎮大城社區，詢問坤榮碾米廠主
人謝土牛所用稻穀來源及今年一般水稻收益情形；並與
社區內民眾握手閒談。

九時四十分，參觀合成里太平社區合作農場栽培之蘿蔔
採收情形，並品嚐其味道。

隨後，至埔里榮民醫院，慰問住院榮民；並至埔里鎮公
所，巡視平均地權地價申報情形。

中午

十二時三十分，離埔里返北。

9 月 19 日　星期一

上午

十時四十分，在松山機場，參加歡迎東加國王杜包四世
及王后瑪德雅訪華。

下午

四時三十分，至圓山飯店，拜會東加國王杜包四世。

六時三十分，參加贈勳東加國王杜包四世及王后瑪德雅
典禮觀禮。

七時三十分，參加嚴總統款待東加國王及王后之國宴。

9月20日　星期二
【無記載】

9月21日　星期三
上午

九時，主持中常會。

下午

三時三十分，接見立法委員郭登敖、朱如松、張子揚、
程烈、吳延環等五人。

9月22日　星期四
上午

八時三十分，接見美國羅安琪市市長白瑞德萊夫婦。

九時，主持行政院院會。

9月23日　星期五
上午

九時，列席立法院第六十會期第一次會議，報告施政
（口頭補充部分），論析當前國際局勢、大陸匪情以及

政府在政治、經濟、國防、外交、文教各方面所採的決策措施；並且強調我堅決反共的基本立場決不動搖，勉國人在困逆的環境中，同心協力，奮發圖強。

下午

三時，列席立法院會議，並答復質詢。

六時三十分，參加行政、立法兩院聯合會餐，曾談及我們的國運如同青棒大賽，在逆境中獲得最後勝利。

立法院第六十會期第一次會議報告

主席、各位委員先生：

從貴院上一會期開議到本次會期，時間不過七個月，但這七個月中，世局國勢都有很多的變化。因之，我們對於外在形勢的因應掌握，和對內建設的積極推進，乃是時時刻刻專心一志，不敢掉以輕心，亦不敢稍存懈怠之意。我們銘刻在心的，只是積極奮發，勇往邁進。今天要向貴院作一報告，並以就教於各位委員先生。

首先，在貴院上一會期中，行政院送請審議的許多重要法案和六十七年度的中央政府總預算案，都承各位委員先生支持通過，經國藉此敬致由衷的謝忱。同時也深切感覺，國家的大政方針，唯有透過民主憲政的功能，發揮集體智慧，方能創造最佳的成果。

國際情勢的詭變不定，使世局仍然迷失在紛亂之中。就目前全盤形勢來觀察，如果基本上的關鍵不能打開，希望世局由混濁到清明，顯然還有一段很遠的途程

要走。

第一、自由世界與共產集團之間的矛盾，並不曾因高唱「和解」而真能化解，裁軍及限制核子武器問題既無實質進展，共黨鐵幕之內蔑視人權依舊，甚且變本加厲，兩大壁壘的對峙態勢也無從緩和，所謂「以談判代替對抗」，不過是「對抗」的另一型式。

第二、地區性的局部戰爭，仍不斷為世界和平發出危險信號。從非洲、中東到東南亞，接連的動亂與流血衝突，種種糾結難解的事件，幾乎所有問題的背後，都因共黨勢力的滲入而益趨複雜。顯見這個世界，只要一天有共黨存在，就不可能有真正和平、安定之一日！

第三、世界上自由與奴役、富裕與貧窮的對照，仍然是鮮明而強烈。無疑地，貧窮地區是共黨邪惡勢力滋長的溫床，饑苦的人民也就最易成為共黨奴役的祭品，如果民主陣營沒有堅定立場，不為正本清源之計，不作高瞻遠矚之謀，不僅人類半自由、半奴役的不幸狀態，還不知要延續到何時何期，甚至連一半自由的苟全也屬非易！

世局形勢的難以開朗，關鍵何在？無他，共黨的終極目標是赤化世界，埋葬民主自由；他們的手段則是不斷鬥爭，造世界的反。而世人不察，猶作「和平共存」的幻想，結果當然等於養癰為患，貽毒禍身。

中國人民所受共黨禍害最深，從痛苦經驗中瞭解共黨邪惡本質也最深，我們深深知道共黨的凶殘、暴虐，乃是人類史上最大的公敵。因此我們確信：唯有團結一心，才能生存；唯有反共到底，才能救國。也因此儘管

今日舉世迷亂，而我們始終清明在躬，我們以臺澎金馬為反共復興基地，站在反共戰線的最前哨，不僅為了光復大陸國土，解救同胞；更有一種職志，為捍衛民主自由，願在紅禍橫流之中，以中流砥柱為己任，在赤霧瀰漫之中，點燃反共的明燈，為人類歷史開拓光明的一頁！

中國大陸淪入共黨鐵幕之後，亞洲從此便無寧日。尤其自美國開始與共匪進行接觸以後，繼之以中南半島三國的全部變色，亞洲的安全已瀕最後警戒的邊緣。而所有自由亞洲的人民早就都深深警覺，任何再行推進美匪交往的步驟，必將導致亞洲新的戰爭。

我們自始就反對美匪交往，乃因對美國及亞太地區的自由國家有害無利。同時，基於中美兩國盟誼對亞太和平的重要性，並曾一再聲明，中美兩國合則同蒙其利，分則同受其害，期望美國政府認清敵友，把持正確方向，不要做出任何親痛仇快的輕率行動。

事實非常明顯，共匪欲拉攏美國來打擊美國，乃其重大的惡毒陰謀。

第一、由於中華民國的堅強壯大和堅定的反共立場，對共匪實如芒刺在背，寢饋難安，因之它一面叫囂要以武力奪取臺灣，一面用盡詭計破壞中美關係，圖使美國在西太平洋喪失一個重要戰略據點。

第二、它始終以「埋葬美帝」為其世界革命的主要目標之一，但力不從心，於是不能不改變策略，先使美國陷於外交錯誤，在盟國間喪失信譽，從而也喪失在自由世界的領導地位。

　　第三、它為對抗蘇俄，不得不以一切統戰方式，暫時佯裝聯美，以增強其對俄討價還價的聲勢，而使美國喪失掉制衡的優勢運用。實則匪俄本是一丘之貉，均以赤化世界為目標，其敵對不過是共黨集團內部的權力鬥爭而已，是分是合，原非美國政策所能左右。

　　顯而易見，美國與匪交往，不僅對美國有害無益，而且對亞洲與世界而言，也不但不能安定亞洲局勢，為世界和平帶來任何助益，反而將擴大亞太地區的動亂，為世界人類增添無窮禍患！

　　今天亞洲自由國家無不深知：亞洲安全的最大威脅，是來自共黨中國大陸。如果美國安撫共匪，無異鼓勵共匪在臺海點燃戰火。同時，北起朝鮮半島，南迄東南亞諸國的共黨都必蠢動，乘火打劫，因而使得亞洲防衛力量薄弱的自由國家都有被赤化的危險！

　　亞洲國家尤其清楚：美國去跟騎在中國人民頭上的匪偽政權勾搭，不僅不能促進美國人民與中國大陸人民之間的接觸和友誼，反而由於姑息了暴政統治，而使兩方人民隔離更遠。因為在大陸上的中國人民與美國人民之間的所有誤解或敵視，完全是匪偽政權不斷鼓動「反美」、「仇美」運動所造成的結果，甚至最近更把「反美」列入匪黨黨章之內，很明顯的，共匪視美國為永久敵人，所以只要匪偽政權控制大陸，美國將永遠無法自由接觸到中國大陸人民，也永遠不能得到中國大陸人民的友誼。同樣的既有事實，美國與蘇俄建交四十多年，美國又何曾能與蘇俄人民自由接觸？又何曾得到蘇俄人民的真誠友誼？

近幾個月中，美國民意普遍反對屈從共匪的無理要挾而背棄盟邦，美國國會及輿論不斷發出正義之聲，以及各州參眾議會及市議會紛紛通過于我中華民國道義支持的議案，在在足以反映美國廣大民眾，多已深切瞭解維持現有中美關係對亞洲及世界和平的重要性，祇有維護中美間的盟誼，方能符合美國的最佳利益。

上月美國范錫國務卿的北平之行，如為尋求與共匪的友善關係和希冀共匪在世界和平中扮演重要的角色而去，即使是一種試探，其不能得到結果，原屬意料中事。由此，也可見到，美國唯有站穩腳步停止與匪交往，方屬自由世界之福。

多年來，中華民國在亞東太平洋上為了有效的防範和遏阻共黨擴張，穩定這一地區的局勢，曾經提供我們一切力所能及的貢獻。我們一貫尊重盟約，更珍惜友誼，但我們也深知自助方足以互助，今後當續本合則互利、分則互害之義，願與美國共同合力來平定亞東太平洋上共黨掀風作浪的變局。

今天世人仍有一些錯覺，誤把所謂「臺灣問題」看作尋求亞洲和平的「癥結」和「障礙」，這不僅是歪曲事實，而且是墜入了共黨及其同路人所設的宣傳陷穽之中。

臺灣由對日抗戰勝利而光復為中華民國的一省，現在更是中華民國的反共復興基地。三十多年來遵循中華民國憲法的基本精神，臺灣已經建設成為民主、自由、繁榮、均富、安定、祥和的地方，而為亞太地區和平安全的象徵，也是無論關在大陸鐵幕之內中國人民或散佈

全球各地所有中國同胞的希望之所寄，臺灣之於世局和平，非為「癥結」與「障礙」，實為堡壘和砥柱！

中國大陸之淪於赤色暴政統治，乃是歷史錯誤的累積，也是本世紀人類的一大悲劇。以中國的廣土眾民，在國際事務上自有重大影響，問題在於世人願見中國屬於自由世界的一員而於人類福祉有所貢獻呢？還是縱容共匪的殘酷統治，任其奴役人民而為害世界呢？凡是有識之士，都會看得十分清楚，這不是應否把臺灣歸併於現狀中國大陸的所謂「台灣問題」，而是應該有個怎麼樣的中國——民主中國或共產中國的問題，這才是「中國問題」的本質和真義。

中華民國今天在臺灣所作的一切奮鬥努力，正是為了建設一個符合中國傳統歷史、文化，而實現真正民主、自由、和平的新中國奠好基礎，將來可把建設臺灣的成果連同中華民國憲法一併帶回大陸，好讓所有中國同胞能像今天在臺灣的同胞一樣，人人能享安居樂業的生活，人人能夠發揮聰明才智，為世界人類共謀福祉與進步。

所以解決「中國問題」的答案只有一個，那便是消滅共匪暴政，重建民主中華！

這個答案有其絕對的正確性，理由至為簡單明顯：今天大陸匪偽政權所作所為，是要摧毀中國傳統的思想、倫理、道德，它的制度和政策都是違反中國人民的意願，自然必為全中國人民所唾棄。

因之，我們要重申：

——中國，只有一個中國，即是國父孫中山先生手創的

中華民國；中國，只有一個合法政府，那是依據國
民大會所制定的憲法由民選產生的中華民國政府。
中華民國的體制與法統絕對不容改變，我們決心要
為確保國家獨立與自由，迎擊一切挑戰！

——中華民國尊重民主、屬行法治、保障人權的基本政
策，絕不改變。我們決心維護憲政制度，以之實施
於全中國！

——中華民國一貫的外交政策，是本獨立自主精神，平
等互惠原則，敦睦邦交，尊重條約，促進國際合
作，倡導國際正義，確保世界和平。我們堅守民主
陣容的立場絕不改變，並願真誠與所有愛好自由的
國家與人民，保持密切交往。但對任何損及我國權
益與國格尊嚴的任何安排，決不接受！

——中華民國堅決反共的基本立場決不動搖，我們決不
和共匪談判妥協的既定決策絕不改變。我們矢志要
為光復大陸國土、剷除共匪暴政、重建三民主義的
新中國奮戰到底！

少康以一旅興夏，楚人賴三戶亡秦。我們反共鬥爭
是弔民伐罪的義戰，成敗利鈍不在於兵員多寡，而在於
民心向背，我們國家命運，並非取決於外在的形勢，而
是取決於我們自身的團結奮鬥！

今天，我們本著自立、自強、自信的意志和勇氣，
全民一心，精誠一致，以同仇敵愾、壯志凌霄的精神力
量，加上堅實雄厚的國防、政治與經濟力量，以及海外
全僑的忠貞支持，使我們隨時可以掌握變數，抵禦逆
流，開創我們光明前途！

　　共匪竊據大陸這二十八年以來，裹脅著八億人民在國際間虛張聲勢，敲詐勒索，到處作惡，實則匪偽政權種種倒行逆施，殘害百姓，在大陸民眾普遍反共抗暴的浪潮下，從來就沒有一天安定，匪黨內部也始終陷於眾叛親離、四分五裂的亂局之中，其危機正一天比一天嚴重。

　　而今天的大陸共匪，不論是黨政、軍事、經濟，都還依然有其理不清、解不開的死結。

　　匪偽黨政結構，經過不停的內鬥內訌，早成殘缺不全狀態。華匪國鋒雖在矛盾傾軋的夾縫中竄升酋首，但他既無控制全局的實力，又缺乏統領全局的能力，因此鄧匪小平又在鬥爭的矛盾中復出。最近七拼八湊勉強召開匪黨「十屆三中全會」和「十一次代表大會」，不過是企圖藉此扶植華匪個人勢力，重組領導班子，但在派系對立之下，華、鄧兩派權力分贓的衝突，加上「四人幫」餘黨的掙扎，必將導發匪偽內部一個新的奪權鬥爭。鄧匪現在對內則恐懼「有些人不要馬列主義不要社會主義」「有人在暗中絆我們一腳，使我們四腳朝天」，對外則恫嚇要挾，這顯然是自卑感與自大狂心理的交互反映。匪偽內部現正充滿著尖銳的矛盾，目前的暫時妥協，只是另一次更激烈、更殘酷拼鬥的序幕，最終必使匪黨走向更大分裂、更快解體！

　　匪偽軍事更是一副敗象，匪軍內部一向「山頭」林立，毛酋死後，各派軍酋愈加肆無忌憚的擁兵自重，致有所謂「南北對峙」的割據局面，加上匪正規軍與民兵之間又有對立，都成奪權的工具。如今鄧匪重掌兵權，

自將抓住匪軍以增強其與華匪的對抗勢力，屆時軍隊介入鬥爭，必然加劇匪偽內訌，由內鬥、內亂、而內戰，以至匪偽政權的全面覆滅。

至於匪軍基層，由最近范園焱義士的駕機來歸，再次說明了絕大多數的匪軍官兵，對於只顧爭權奪利，不恤人民疾苦的匪偽政權，已經是由失望而至絕望，由絕望而普遍產生叛離心理。也即是說，今天的匪軍，已不再是匪偽政權賴以支撐的骨架，而且正就是將來「亡共在共」的一支主力！

匪區經濟的貧窮落後，早已是舉世皆知的事實。尤其近一年來，由於內鬨更深，造成生產混亂，再加不斷天災，農產非但毫未增加，反比前年銳減，共匪無法肆應，只好更進一步的削減口糧配給，使得苦難的大陸人民，更要勒緊腰帶，忍受饑餓煎迫。

面對經濟上的極端窘困，共匪雖然召開了一連串的會議，一而再，再而三的搞甚麼「農業學大寨」、「工業學大慶」的騙人法術，以冀藉此鼓勵農工生產情緒，然而備受欺騙和摧殘的大陸人民，已無人願作工奴、農奴，再供共匪驅策。相反的，正把仇匪、恨匪的反共意識，化作怠耕、怠工的抗暴行動，終必發展成為不可收拾的反共怒潮。

根本上匪偽政權的性質，無一合於中國人的思想和需要，它的一切喪失人性與理性的殘酷暴政，置人民生活於不顧，已經失盡民心，而民心的離散，正就是埋葬暴政的基本因素。

對大陸地區，我們時時都在注視其暴亂情勢的發

展，並正繼續加強對匪的政治、經濟與文化作戰，積極
拓展敵後工作，策應抗暴革命運動，從大陸內部開闢新
戰場，來動搖匪偽政權基礎，加速它的潰亡。我們永遠
不會忘懷，消滅共匪，解救同胞，是我們神聖的歷史使
命。我們決心匯集一切力量，來完成這個任務。

　　以世局的詭譎多變，要確保國家安全，唯賴本身力
量的不斷發展與成長，而強大的國防力量，無疑又是國
力的主軸所在。

　　當前我們國防軍事的基本任務，是確保基地安全，
擴大敵後戰鬥，並為相機反攻做好準備，而一切作為，
則都本著自強自立的精神，以能遂行獨力作戰為主要
指標。

　　今日敵我態勢，儘管共匪叫囂犯臺，實乃外強中
乾，色厲而內荏，但我們卻絕不能稍有鬆懈，而必須時
刻保持「毋恃其不來，恃吾有以待之」的高度警戒，強
化防衛，充實戰備。

　　本此認識，對臺澎金馬復興基地的防護措施，我們
已完成萬全部署，固若金湯。

　　國軍在實施專精訓練的嚴格要求之下，已經練成一
支士氣昂揚、戰技精練的鋼鐵勁旅，加上可以立即全面
動員由兩百多萬後備軍人所組成的一支堅強後援部隊，
我們確信，以我們強大的陸海空武力和最高的警覺，無
論海域空域，不論何日何時，海峽天塹，共匪絕難越過
雷池一步！

　　我們在敵後作戰，正循多點、多線方式，擴大策反
行動，廣建游擊據點，在大陸各地結合反共力量，開展

對匪鬥爭領域，導發大陸突變情勢。

在整個建軍工作上，是依整體構想，建立自主國防體系，強化總體作戰功能，並積極發展國防科技，促進國軍現代化，不斷提高戰備能力，以適應任何情況變化的任務需要。我們有充分信心，只要我們保持強大力量與完密準備，必能達成確保國家安全與創機收復大陸的雙重使命！

過去二十多年來我們的經濟持續成長，到現階段可說正在一個轉換期間，產業結構的變化，二級和三級產業逐漸取代了初級產業的重要性，輕工業或勞力密集工業的發展已到飽和，代之而起的將是重化工業和資本與技術密集工業，對外貿易的結構也正在轉變，輸出和輸入的內涵與型態都將進入另一次的代替階段，種種現象，在在顯示我們正從開發中國家邁往開發國家的大道。

在此過渡時期，不免遭遇到一些因轉變而產生的新問題，有待調整；同時又恰逢國際經濟危機的衝擊，帶來一些困難，有待克服。幸而我們堅決採取兼顧穩定與成長的政策，更賴全國人民的萬眾一心，勤奮辛勞，穩住了經濟波動的浪潮，把不利影響的程度降至最小，渡過了許多難關，現在已經逐漸的轉向復甦。

尤其重要的是十項建設的進行，在經濟不景氣期間，產生了無比的積極作用，不但刺激了各種相關事業的生產，也吸收了大量的國民就業，大大沖淡了經濟呆滯的嚴重性。

目前十項工程中的中船、中鋼、臺中港、以及石油

化工上游計畫部分，都已完成前期工程，相繼展開營運
作業，並在賡續進行後續計畫。南北高速公路部分路
段，也已先行局部通車。其餘如桃園機場、蘇澳港、鐵
路電氣化、北迴鐵路、核能發電等各項工程，都在按照
計畫積極進行，預期所有工程，一定能在明、後兩年內
全部完成。

　　從十項建設看經濟發展，不僅是國家經濟升段的遠
景將展現在我們眼前，更具意義的，是這十項工程，對
我們是一項信心與毅力的考驗、智慧與經驗的磨練。在
過去三、四年遭受全球性經濟風暴的襲擊中，十項工程
從未停頓，全體工作人員不成不止的決心，移山填海的
勇氣、和苦幹實幹的精神，正就是今後我們發展經濟、
建設國家的成功保證。

　　另一方面，從去年開始執行一個新的六年經建計
畫，其主要目標，即在適應經濟結構的改變，促進農工
商業進入現代化的規模，使我國經濟在升段的過程中，
為塑造一個開發國家奠定初基。

　　計畫中所訂的一些基本方針和主要措施，正在積極
執行和推動之中。今年是計畫的第二年，自一月至六
月，國內農業生產指數較去年同期增加百分之五・九，
工業生產成長率約為百分之一二・一，外貿總值依海關
統計共達八十二億一千九百萬美元，較上年同期增加百
分之一四・九，其中輸出四十一億七千六百萬美元，輸
入四十億零四千三百萬美元，計出超一億三千三百萬美
元。一至六月的躉售物價指數較上年同期上升約百分之
四・七四，消費者物價指數上升百分之三・四七，大體

尚稱平穩。貨幣供給額的增加率，則維持大約在百分之二十左右。六十六年度預算執行結果，初步估計除仍繼續保持收支平衡外，並續有歲計賸餘。

就今年上半年的各項經濟指標看來，經濟復甦的活力正漸增長，但也無可否認，復甦的衝力尚不夠強勁，加上最近連續兩次風災，對若干基本建設所造成的損害，影響農工各業的生產，因之預測今年全年的經濟成長，將只是一個中度景氣的局面。

我們審度各項情勢，認為基本上，「在穩定中求成長，在成長中求穩定」的原則不變，但不成長就會萎縮，而且不進則退，因之，在當前國際經濟劇烈競爭的大環境下，必須把握此點，毋寧較多重視一點成長，來求繼續不斷的蓬勃發展。

發展的動力，源自旺盛的投資意願和有利的投資環境。發展的方向，在六年計畫中已經明訂為促進農業現代化、改善工業結構、加速擴展重化工業、加強基本建設、推廣對外貿易和健全社會發展。所以我們不容再有任何遲疑，決心一方面要有計畫、有目標的來獎勵新的投資，另方面要使既有事業的投資恢復信心與興趣，幫助各業從長遠處來考慮計算，擴充增產。

我們應該努力以赴的重點工作是：

——加速農業發展，導使今後農、林、漁、牧事業能配合工業和貿易的發展，擔負起積極支持經濟成長的角色，故將繼續加強農村建設、推廣農機耕作，並改進產銷營運方式，促進農業現代化，以提高農民收益，改善農民生活。對稻米的保證價格和收購餘

糧，仍繼續實施，以安定農村經濟。

──改善工業結構，儘速擴建國內的重化工業與精密工業，積極輔助如鋼鐵、電子、機械、化學與運輸工具等關鍵工業的發展，以強化工業基礎，並與國防工業的需要密切配合。

──增強現有工業在國際市場的競爭能力，協助業者增加投資，更新設備，改善經營，降低成本，提高生產力，調整生產路線，發展高級產品，以突破外銷瓶頸。

──繼續擴充各項基本建設，除完成十項建設中的核能發電與六項交通工程之外，並依六年計畫擴建有關通信、道路、港埠、航空與海運等設施，其中拓寬臺灣東部鐵路和規劃興建南迴鐵路並予提前辦理，以適應經濟社會發展的需要。

──改善投資環境，由簡化行政手續、合理減免稅捐、加強融資和便利工業用地之取得等各方面，來激發投資意願，促進產業投資。

──政府投資與民間投資相互配合協調，於某一階段或某一情況，民營事業趑趄不前需要國家資本推動時，國營事業及公共建設應視需要，加強投資，以帶動民營事業的發展，來促進經濟的持續成長。

──擴張對外貿易，必須強化輸出組織，培育外貿人才，建立國際商情資料中心，輔導民間成立大型綜合貿易商，協助廠商在海外設立推廣貿易的分支機構。同時擴大承包海外工程，帶動相關產品外銷和整廠整套機械的出口。

　　但這幾項重點工作，其成敗又繫於兩個中心環節：

（一）必須不斷引進最新的應用技術，並大量網羅優
　　　秀人才，在國內研究發展，使科技在國內生根
　　　成長，來促成工業的升段。

（二）必須加強經濟開發研究工作，延攬專家學者，
　　　使研究機構確能發揮設計、指導和顧問的功
　　　能，把國家建設和經濟發展導入正確的政策方
　　　向和途徑，不斷向前推進。

　　「獎勵投資條例」的修正案已承貴院在上會期中審
議通過，並奉總統明令公布，行政院當切實執行，近又
核定了一項「改善投資環境實施要點」，期能創造更好
的投資氣候，而能達到上述各項工作目標。當然，現行
的規定，可能仍有不盡妥適或不夠之處，將再聽取各方
意見，加以修訂或補充。

　　經濟發展的目的在於福國利民，因之任何階段，我
們在制訂經濟政策時，當牢牢把握要領：增進全民福
祉，縮短國民所得差距，創造均富社會。一切措施也就
不能忽略：城市與鄉村並重，工業與農業兼顧，方能做
到全面提高國民生活水準。

　　以我們從事十項建設所表現的實幹苦幹作法，和今
年兩次風災中全國上下齊心協力為救災復原所發揮的精
神力量，經國更加堅定的相信，無論是建國、救國，我
們都一定勝利，一定成功！

　　如果經濟是國家建設的軀幹，教育就是國家建設的
根本，而科學則為灌溉這棵國家樹木成長繁榮所需的滋
養，三者實有密不可分的關係。

　　教育的主要功能，我們以為：除了基本上應以民族
文化、精神為基礎，為國民傳授知能、變化氣質、陶鑄
人格、為國家造就愛國守法公民之外，並應配合國家建
設、適應社會需要，培植各項人才，發展人力資源，蔚
為國用，以促使國家的不斷進步。所以教育設施無論是
量的擴充或質的提高，由普及到精深，都應符合著國
家要求和時代的演進，擔負起向下紮根、向上發展的
任務。

　　許多年來，我們的教育工作，已有很多成就，但也
毋庸諱言，我們教育上仍有若干缺點，至今還沒有得到
顯著的改善，其中最為大家所關切的，如：

——大學、專科及職業教育，仍然不能完全擺脫「形式
　　主義」的窠臼。科系的設置、課程的配當、教學的
　　內容，未必盡符實際需要，而知與行又未必都能合
　　一，因之從學校走入社會的青年，也就未必都能立
　　即學以致用，參加國家建設的行列。

——自國小而至中上教育，仍未完全摒除「升學主義」
　　的壓力，家庭和社會也都未能拋棄「升學第一」的
　　觀念，以致各級學校對各種學科在教學比重上，因
　　遷就升學考試而發生的偏差，依然未能澈底消除，
　　不免妨礙了四育均衡發展的教育宗旨。

——由升學主義衍生的考試劇烈競爭，紛紛擠向大學之
　　門，以致為了公平，無法根本放棄大學入學的聯招
　　制度，而只能在技術上尋求改進，但卻使多數考生
　　的志趣與其所學不能符合，無形中使教育投資與人
　　力資源產生了若干浪費。

　　教育不能充分配合國家建設需要，不能顧及四育均衡發展、不能符合青年的性向志願，從而減低了教育的效果，不容忽視。針對這些問題，政府已經參酌許多專家學者的意見，正在擬訂一項發展教育的五年計畫，希望能從各個角度引導教育向健全的途徑發展。

　　今後的教育計畫，將本國民接受教育機會平等的原則，發展國民道德、體格與智能的目標，著眼於：

——加強以三民主義為主體，以倫理、民主、科學為骨幹的思想教育、品德教育與實用教育，以激發學生愛國情操，陶鑄青年健全人格，造就務本求實的人才。

——繼續充實和發展國民教育，調整高中、高職比重，強化專科及職技教育，推廣知行合一的教學方法，配合國家建設需要，廣儲具有專長能符實用的人力資源。

——運用大專評鑑資料，規劃大專院校的增設與改制，重視學生志願趨向，調整科系的量質，改進研究環境，獎勵學術研究，以求不斷提高高等教育的水準。

——確立社會教育體制，擴大推行中華文化復興運動，並普及改進體育與樂藝教育，以促進國民身心健康與平衡。

　　同時，為配合教育計劃的執行，也為補救學校教育培訓專技人才之不足，政府另又訂定一項推行職技訓練的五年計畫，預期從六十七年度開始，擴大辦理各項職種技藝訓練，在五年之內，培養二十六萬餘名的基層技

術幹部，大量供應各行各業開展業務的人力需求。

　　發展科學方面的工作，同樣正在配合國家建設需要
的原則下，來積極推展科學教育，倡導科學學術研究，
加強和擴大基本科學和應用科學的各種研究計畫，並增
進國際間的科技合作，以使科學發展能在國內生根。

　　有關應用科技的研究發展方向，我們決定循著以下
幾個路線來策劃進行：

──增進資源之經濟利用。

──有助於生產力之提高。

──直接裨益國民生活的改善。

──促進與國防工業生產的配合。

──加強產品在國際市場之競爭力。

──注重具有顯著實用的推廣價值。

　　根據這幾個方向，已經分別訂出今後農、工、交
通、能源各類事業研究發展的重點，正由有關部會擬
定行動方案，俾可集中人力財力，在各方的密切配合
下，作有計畫、有目標的積極推動，期能擴大研究發展
的成果。

　　鑑於科技的發展，勢必需要經過引進、紮根、創新
三個階段，然後方足以言科技研究的自立。為期加速這
個過程，促進學術界與企業界的密切合作至有必要，因
之經國在向貴院上一會期報告中，曾經提到政府正有創
設一個科學工業園區的構想。如今這一構想已在進行具
體規劃，大概的論廓是：利用園區內學術研究環境，引
進外國新的高級技術，使與國內工業發生聯鎖關係；並
透過學術研究機構與工業合作的途徑，彼此相互支援，

以提高國內工業創新與產品發展的能力。

我們深深了解，教育與科學的工作，並非旦夕之間能見成效，但我們只要以鍥而不捨、孜孜不倦的工作精神，累積點滴的成果，終能紮下我們的根基，長出茂盛的枝葉和果實。

六年計畫的目的，不僅在於改善經濟結構，促進經濟現代化，同時也在於謀求經濟與社會的平衡發展，逐步建立安和樂利的均富社會。事實上，歷史已告訴我們，一個開發中國家的經濟，如果沒有經濟以外因素的配合，很少能夠單獨達到現代化的目標。

我們的社會建設政策，也就是以三民主義大同社會的理想，在國家經濟持續發展之中，有一種平衡的掣制，泯除因經濟繁榮而可能產生的社會不平，以使國民大眾都能確確實實分享國家經建的成果。

因之，除開租稅政策的運用之外，必再輔之以各項健全的社會發展政策，如：為了要求土地的合理分配，繼耕者有其田後，還要全面實施平均地權；為了促成國民都能居有其屋，要積極大量興建國民住宅；為了防阻過份趨向都市集中，要推行區域計畫，導使城鄉均衡發展；為了照顧低所得大眾的生活，要加強辦理社會福利措施和國民醫療保健工作；為了幫助國民增加所得，要擴大職業訓練和就業服務；更為有效消除家計負擔的壓力，要賡續推廣家庭計畫等等，凡此方針，都在期以逐漸達到富中求均、均中求富的境界。

平均地權條例承貴院於今年初審議通過，隨即積極籌劃，業已完成在臺灣地區實施的準備工作。我們深知

這是關於促成地盡其利、地利公享的大事，自當全力做到公平確實，來貫徹條例的精神和要求。

臺灣省尚待實施平均地權的土地，總共是一百五十三萬公頃，現在擬分兩個梯次辦理，第一梯次包括二三二個市鄉鎮的一○八萬公頃土地，已在本（九）月一日公告地價，接受申報，另有四十五萬公頃土地，將在第二梯次賡續辦理。

我們希望，由於這次平均地權的全面實施，其意義不僅僅是促進土地分配利用的經濟效益，更將因為這項工作的完成，意味著我們土地的——也可說是社會的——再一次和平而漸進的改革。

國民住宅的興建，政府預定在上兩個年度內建造的二萬戶國宅，到本年六月底止，已經全部完成的有二千五百餘戶，其餘均在積極施工，雖進度稍有落後，但已如數開工興建。六年計劃中預定興建九萬六千多戶和整建七萬八千多戶國宅，亦將繼續分年實施，為期有效切實執行，並正就制度、組織、功能等有關問題研究改進之中。

在加強社會福利措施方面，如擴大勞工保險，截至六月底止，投保人數已達一百七十六萬餘人，以平均每戶五口計算，其受益人數已超過臺灣地區總人口的半數，為社會安定提供了極大力量。目前我們正在修訂勞工保險條例，準備提高給付標準並再進一步擴大承保範圍，將在近期內送請貴院審議。其餘如改進社會福利服務與社會救濟、輔導國民就業、加強國民保健，特別對於偏遠地帶的醫療服務和環境衛生工作等，都在積極推

動，以使一般中低所得的民眾，都能得到他們所最需要的照顧，使他們的生活都有安全感。

但是我們知道，社會建設的成效，與社會風氣的良窳關係至大，如果一面在為低所得者推行社會福利，一面又見少數高所得者的奢侈靡費，實是極大的諷刺。目前，我們不能否認，社會風氣正有日趨奢靡的傾向，這是我們致力於建立一個均富社會所亟應防杜的現象。我們創造經濟繁榮，但不能流於生活浮華；我們追求國民富裕，但不能鼓勵資源浪費。這不僅是為了維護社會的淳樸所應確守的道理，而且更是為了促進經濟開發的升段所需把握的原則。因之我們大家必須以篤實踐履的精神，來矯正社會的頹廢虛浮氣象，提倡節儉樸實風尚。政府尤將決心依法取締毒害社會的罪惡淵藪，締造一個純淨、清潔而安全的社會。

多年來我們力事行政的革新，一直本著一項目標，是要經由有效率的政治，而樹立一個開放的社會，推展開發的經濟，從而邁向開闊的前途。在具體的作法上，我們要求所有行政同仁，以服務的態度代替管制，以合作的態度代替干涉，以同情的態度代替指責，使我們的政府成為重實際、有效率的政府，俾為國家結集民心，厚積國力！

過去的努力，固然見到一些進步和成效，但進步沒有止境，成效也不能自滿，況且行政革新本來就是需要隨著時代和社會進步而應持續不斷更求精進的一項工作，因之，不單是為推展政務，為民造福，同時也為了因應世變，開拓新局，都需要一個有能、有守、且有為

的政府，亦就是在推動行政革新方面，尚待再行注入一些新的理念、新的活力。

檢討以往，我們認為在行政上需再強化與貫徹的：

——要使行政人員加強確立政治的倫理觀念，對國家盡忠，對民族堅貞，對職務負責——勇於負起行政上、法律上的責任，更要負起道義和良心的責任，明公私之分，嚴義利之辨，而做到有所為與有所不為，方能心安理得，俯仰無愧。

——要使行政機關成為充滿活力的有機體，在平時講求協調合作，拋棄本位主義，發揮團隊精神，在科學化、制度化的作業流程中，推動各項政務；在戰時，更須機動靈活，嚴密確實，保持高度警覺，立可肆應任何緊急情況。

——要使政治作為符合民眾願望，凡是民心所企求的，即使千難萬難，政府必將傾力以赴；凡是民心所厭惡的，縱屬細微末節，政府必將斷然棄之。

今年行政部門將有一項重大工作，就是辦理五項地方公職人員選舉。雖然以往對於選舉事務，各級主管機關已多有經驗，也一次比一次能有改進，但五項公職選舉的同時辦理，乃是對行政效率的又一次考驗。尤其在此次國家處境十分艱難的時刻，我們非但不以為選舉可能影響團結，而且相信可藉選舉促成民心的更大結合，使民眾與政府更加緊密的聯在一起，因之此次選舉事務的辦得好壞，毋寧也是對行政功能的一種試鍊。

政府辦理選舉的態度，是不分黨派、地域和背景，對所有候選人都一視同仁，只要是中華民國守法的公

民，從事合法的競選活動，一定受到法律的公平保障。

我們在臺灣復興基地實施地方自治，有無比堅強的決心，決心要把這兒實施的成果連同憲法帶回大陸，作為未來普施憲政於全國的藍圖。同時我們也有無比堅強的信心，深信以政府一本「公平、公正、公開」的原則，選賢與能，必使地方自治的基礎更為鞏固。我們深信，唯有力行民主法治，才是促進政治現代化必走的途徑。

各位委員先生：盱衡今日全盤世局，客觀的形勢，以國際陰霾未散，我們前途仍多艱辛。但國家的盛衰，決定於自身主觀的力量，以我們國防、政治、經濟、社會綜合凝聚的強大國力，匯集成一千六百萬軍民和海外二千餘萬僑胞的反共一心，實無懼任何橫逆。而目前中共匪偽依然一團爛局，內鬥永無寧日，勢必愈鬥愈亂，其潰亡只是時日。所謂「存亡在虛實，不在於眾寡」，敵虛我實之勢極為明顯，以我之實，勝敵之虛，也只是時日。

為了更加充實國力，強化經濟社會發展，提高國民生活水準，政府將繼自民國六十三年開始的十項建設完成之後，決定要再進行以下各項建設，作為我們未來幾年內大家努力的方向：

一、完成臺灣環島鐵路網。

二、新建東西橫貫公路三條。

三、延長高速公路至屏東。

四、擴建中鋼公司第二期工程。

五、繼續興建核能發電二、三兩廠。

六、完成臺中港第二、三期工程。

七、開發新市鎮，廣建國民住宅（平均每年二萬五
　　千戶）。

八、加速改善重要農田排水系統。

九、修建台灣西岸海堤工程及全島重要河堤工程。

十、拓建由屏東至鵝鑾鼻道路為四線高級公路。

十一、設置農業機械化基金，促進農業全面機械化。

十二、建立每一縣市文化中心，包括圖書館、博物館、
　　　音樂廳。

　　以上各項，有的已經列在六年經建計畫之內，有的
將在次一期的六年計畫中加以統籌規劃，或在往後數年
的年度施政計畫內逐年付諸實施。

　　總統蔣公曾經訓示我們：「惟有獨立自強，不求不
倚，方能生存於世界」。又說：「所謂自立自強，就是
愈遇到困難危險，愈要能堅苦卓絕，百折不回。而且還
要能互助合作，幫助他人，一齊自拔於困難危險，那
才是真正的發揮了自立自強的能力」。所以只要我們遵
循蔣公遺訓，自己爭氣，能夠自強自立，不僅敵人不足
怕，而且根本就沒有我們的敵人！

　　今年正是我們對日抗戰四十週年，回想抗戰時期全
民一致共為準繩的，就是：「國家至上，民族至上」、
「意志集中，力量集中」，人人勇於承擔一切苦難，人
人樂於奉獻一己所能，為國家民族的存續奮鬥到底。今
天我們的反共復國戰爭，雖艱難更甚於抗日戰爭，但相
信只要人人都能發揚當年「共赴國難」的重慶精神，大
家同舟一命，精誠團結，犧牲個人的小我，成全國家的

大我，來迎接一切挑戰，必能粉碎一切危難，貫徹我們
「反共必勝，復國必成」的時代使命！

　　此時，我們如同逆水行舟，面臨了行將登上灘頭、
克竟全功之際，唯有共同一致，勇往直前，贏取最後的
成功勝利！謝謝各位。

9 月 24 日　星期六

上午

八時三十分，至臺北市政府聽取雨患善後處理情形報
告，提示：

對死亡市民之喪葬，應妥予協助；並徹底檢討改善排水
系統，儘快研擬實際之計畫與做法。

九時，至臺北縣政府聽取水災災情報告，提示：

儘快恢復交通，淹水地區應趕快消毒，並盡力協助民
眾，解決其困難。勉勵服務中心辦理全面平均權人員，
多為民眾服務，辦好地價申報工作。

十時十分，巡視木柵政治大學水災受害情形，希望儘快
進行災後清理工作，恢復校園舊觀。隨後又至臺灣大學
聽取豪雨對該校影響之報告。

十一時三十分，接見駐利比亞大使蔡葩。

下午

七時三十分，參加東加國王杜包四世之答宴。

9月25日　星期日

下午

二時十五分，在松山機場，參加歡送東加國王杜包四世及王后離華。

9月26日　星期一

上午

十時三十分，飛抵金門，勉勵前線軍政同志，面對自己的責任，面對當面的敵人，更進一步精純勁練，團結奮鬥，實踐總統蔣公遺訓，爭取全面勝利成功。深入營房、坑道、學校、機關、市場、民宅，詢問軍民同胞日常生活和地方建設情形，互道秋節快樂；並至故胡璉上將靈位前行禮。

9月27日　星期二　中秋節

晨

與金門防衛部幹部共進早餐。

上午

八時，至金門監獄，慰勉受刑人。隨後，至翁德賴老先生住宅，祝賀其八十七歲壽誕。

九時，飛返臺北。

9月28日　星期三

上午

十時，參加中樞孔子誕辰紀念典禮暨紀念國父月會。

9 月 29 日　星期四

上午

八時四十分，主持行政院慶生會。

九時，主持行政院院會，提示：

最近一位美國經濟專家對我經濟發展，作了一次考察，並提出考察意見，其分析可說十分中肯而客觀。他指出，我們當前經濟發展之主要癥結有二：

一、家族式的企業，不能吸收新技術，缺少進步的管理方法；

二、資本及信用市場不足，結構不健全，效率亦低。

希望有關首長詳加檢討研究，尤其希望經設會和財經小組針對各個問題，配合六年經建計畫，切實研擬有效對策，使經濟能有更大進步。

9 月 30 日　星期五

上午

八時三十分，接見美國報業訪華團。

九時，列席立法院會議。

下午

三時，列席立法院會議，在答復質詢中，表示：

一、期望海內外的中國人，貢獻力量，團結奮鬥，深信一定能消滅共匪，光復大陸。

二、政府決設置農業機械化基金，以促進農業現代化。

三、政府今年仍採行計畫購糧，以保障中、小農戶利益。

四、有效利用土地、人力、水三大資源，期做到「地
　　無一寸荒，人無一人閒」。

10 月 1 日　星期六
上午

九時，主持國防會談。

10 月 2 日　星期日
【無記載】

10 月 3 日　星期一
晨

弔祭黨國元老馬超俊先生之喪。

下午

三時，參加黨政關係談話會，說明制定法案之原則
有四：

一、適合當前需要。

二、簡化各種行政手續。

三、注重國民切身利益。

四、提高行政效率。

行政院在六十七年度計劃提出二十九件立法案件。

五時三十分，參加韓國國慶酒會。

10 月 4 日　星期二
上午

九時，列席立法院會議。

下午

三時，列席立法院會議，於答復質詢中，表示：

一、政府兼顧農工利益，今後要加強工會功能，增進勞資合作，使生產更為提高。

二、政府正審慎研究加值營業稅制，必須符合下列三個條件，才能決定實施。

　　（一）能促進經濟繼續發展。

　　（二）不增加人民的稅負。

　　（三）不影響物價。

三、政府決以有效辦法，解決糧食過多問題。

10月5日　星期三

上午

九時，主持中常會。

10月6日　星期四

上午

九時，主持行政院院會，提示：

一、國慶即將來臨，希望大家在歡欣鼓舞之餘，提高警覺，奮發圖強，加緊建設，增強國力，使我們十月光輝，永恆長存。

二、十月慶典期間，將有兩萬以上僑胞專程回國，希望有關機關妥善辦好接待工作，以加強海內外緊密團結。

三、立法委員在第六十會期所提意見，各主管機關都須認真研究，作為改進行政工作重要參考，對未能即

席答復之質詢案，亦應鄭重書面答復。

十一時，接見美國政論及漫畫家羅利夫婦。

下午

三時，主持中央黨部工作會議。

10 月 7 日　星期五

【無記載】

10 月 8 日　星期六

上午

九時，至國父紀念館後門廣場，參加國內首批自製郵電用電動車交車典禮，致詞讚揚是團隊精神與克難精神的發揮，也是國人自力更生的良好表現，值得鼓勵。典禮後，並親自試車。

10 月 9 日　星期日

上午

對國防部八日舉行之「金湯二號演習」圓滿成功——三軍動員部隊準備充分、接受召集後備軍人報到踴躍的報國行動，表示嘉勉；並指出：這次動員演習，不僅考驗了我們兩百五十萬後備軍人，一旦令下，可迅速動員，立即作戰的軍事意義，而且證明了全國軍民自立自強、舉國同心，足以衝破任何橫逆與險阻的信心和決心。

10月10日　星期一
上午

九時，參加中樞中華民國六十六年國慶紀念典禮。

十時，參加各界慶祝中華民國六十六年國慶大會。

下午

三時四十分，至青年戰士報社，祝賀該報創刊二十五週年，並對該報員工二十五年來戮力文宣、犧牲奉獻的工作精神，表示嘉許。

五時三十分，偕夫人參加外交部舉行之國慶酒會。

10月11日　星期二
上午

十時三十分，參加嚴總統歡迎第一批回國僑胞茶會。

下午

四時，接見主計長周宏濤。

五時三十分，先後接見研考會副主任委員許新枝、菸酒公賣局局長吳伯雄。

10月12日　星期三
上午

九時，主持中常會。

十時三十分，接見翁鈐、趙聚鈺等。

下午

四時，參加嚴總統歡迎第二批回國僑胞茶會。

五時，接見王昇。

五時三十分，接見沙烏地阿拉伯那瓦福親王。

10 月 13 日　星期四

上午

八時三十分，接見中美經濟協會理事張茲闓。

九時，主持行政院院會，提示：

一、實施平均地權第一梯次申報地價，「金湯二號」動
　　員演習以及國慶期間參加工作之各級公務人員，其
　　辛勤工作的精神與成就，值得嘉勉；希對有功及表
　　現特優人員，分別予以敘獎。

二、對海外僑胞突破困難，專誠回國，所表現之無比堅
　　貞志節，謹致最大敬意。

三、五項公職選舉，將於下月辦理，選務機關應徹底做
　　到公正、公平、公開的要求。

四、對當前需要努力的工作，斷不可稍懈，尤其要注意
　　公務員的品德、操守和工作態度。

五、十項重要建設完成後，政府將繼續推動十二項新的
　　建設計畫，希各部會分別加以研究作成初步構想。

六、「梅花」一首歌曲，希教育部通知各級學校普遍
　　教唱，以此雄壯激昂的歌聲，來增進全體國人愛民
　　族、愛國家的熱情。

10月14日　星期五

下午

四時，接見參謀總長宋長志。

五時，接見新聞局駐紐約辦事處主任陸以正。

10月15日　星期六

【無記載】

10月16日　星期日

上午

八時十分，至臺北縣新店鎮公所聽取簡報，並巡視碧潭風景區，對該區攔水壩之工程效用，詢問甚詳。

九時十八分，至臺北縣烏來鄉公所聽取簡報，訪問瀑布遊覽區商店，與遊客話家常，並深入該鄉信賢、福山等山胞居住村落，垂詢山胞生活情形，與山胞合影。

10月17日　星期一

上午

九時，接見俞國華、周宏濤、李煥、費驊、王永樹等。

下午

四時，接見邵學錕、汪彝定等。

10月18日　星期二

下午

四時四十分，接見臺灣省糧食局局長黃鏡峯。

10 月 19 日　星期三

上午

八時三十分，接見美國華盛頓州州長蕾迪西。

九時，主持中常會。

十時五十分，參觀外銷電子產品展覽會，詳詢一百二十家參展廠商產銷情形，並勉再接再厲，創更輝煌成果。

10 月 20 日　星期四

上午

九時，主持行政院院會，在討論降低六十六年田賦徵收實物標準時，表示：

政府施政，一向以民眾的利益為利益，糧食問題尤為政府之要政，本案之通過，一則減輕農民負擔，再則保障農民收益，促使農村經濟繼續不斷的正常發展。依降低後的徵實標準，農民即無須再行繳納今年第二期田賦，亦即減輕了農民十億元以上的負擔。此外，為保障農民收益，以合理價格收購農民餘糧事，仍依政府既定價格照購。

下午

三時起，分別接見青商會、扶輪社及獅子會等三國際性組織中華民國總會及各分會負責人，對彼等熱心社會公益、災難救助以及在經濟發展、國民外交各方面之努力與貢獻，表示佩慰。

五時三十分，接見中央通訊社社長魏景蒙。

10月21日　星期五
上午

八時二十五分，蒞臨新竹縣立體育場，在臺灣區運動會揭幕式中致詞，讚揚大會所表現之蓬勃朝氣，象徵國家之希望與光明前途，希望海內外同胞，結合大陸八億同胞，共同來保衛、建設、復興強大的中華民國。

典禮後，並客串地方首長自行車比賽發令員。

十一時四十分，巡視高速公路新竹楊梅段施工情形。

10月22日　星期六
上午

九時，主持國防會談。

會談後，接見陸軍總司令馬安瀾。

下午

四時五十分，在高雄聽取中船公司簡報，參觀日前試航之四十四萬五千噸巨霸型油輪珀瑪奮進號，對試航成功表示祝賀，並對全體工作人員表示嘉勉。

晚

八時，在高雄圓山飯店與約旦王儲哈山親王共進晚餐。

10月23日　星期日
上午

九時三十分，在高雄圓山飯店，與約旦王儲哈山親王會談。

十一時十五分，至高雄市政府聽取與民間合作之地下衛
生設施興建簡報，並巡視施工情形。

十一時三十分，至前鎮漁市場慰問漁民，並登飛雁號捕
鯨船，參觀捕鯨設備及漁船整補情形。

10 月 24 日　星期一

下午

四時四十分，至臺北市政府聽取簡報，並赴新建完成之
光復橋參觀，對該橋設計新穎、施工迅速，表示嘉許。

10 月 25 日　星期二

上午

十一時二十五分，至臺中港巡視第二期工程施工情形及
各項由民間投資之港埠設施營運情形，並慰問施工榮
民；對興建臺中漁港之可能性，亦指示研究後呈報上級
核定。

下午

三時五十五分，至臺中市立文化中心，參加省垣各界慶
祝光復節酒會，並舉杯祝福全省同胞身體健康、年年平
安。離去前並與臺中市佛教會選出之孝子林金英、郭錦
進、賴啟松、林黃碧桃、陳江香梅等合影。

10 月 26 日　星期三

上午

八時三十分，接見黨部特保最優人員，並頒發榮譽紀

念章。

九時，主持中常會。

十時三十分，接見日本前首相岸信介。

10 月 27 日　星期四
上午

九時，主持行政院院會。

下午

五時三十分，接見約旦王儲哈山親王。

10 月 28 日　星期五
【無記載】

10 月 29 日　星期六
上午

十時，由農復會主任委員李崇道、委員蔣彥士陪同，至
臺中縣霧峰鄉省農業試驗所聽取簡報，並指示今後要加
強植物病蟲害之防治研究與充實各分所之設備與人員。
十一時二十五分，至中興新村，向臺灣省政府秘書長瞿
韶華垂詢有關省政事宜。

10 月 30 日　星期日
上午

九時，至日月潭松柏崙總統蔣公銅像前獻花致敬。行禮
後，徘徊良久、眺望潭景，並與隨行人員合影。

十一時，巡視南投縣政府，參觀該縣美術協會在縣府大
禮堂舉行之紀念總統蔣公誕辰書畫展覽；隨後並至草屯
鎮碧山路訪問青年畫家李國謨，有所嘉勉。

中午

在南投縣縣長劉裕猷寓所與隨行人員共進午餐。

10 月 31 日　星期一

晨

發表「吳稚老書蔣金紫園廟碑後記」一文，以紀念總統
蔣公誕辰。

上午

九時，主持六十六年傑出科技人員表揚暨頒獎典禮，頒
獎王博仁、張恩雨、吳澄清、陳晉蒼、陳富夫五人，期
勉加倍努力，造成熱烈研究風氣，強化復興基地，完成
復國使命。典禮後，並以茶會接待。

十時，以總統蔣公家屬身分，參加中樞紀念總統蔣公九
秩晉一誕辰大會。

下午

一時三十分，巡視桃園中央警官學校。

二時，主中央警官學校建校四十一週年校慶紀念典禮，
並以「犧牲奉獻、服務民眾」為題，勉勵警察工作人員
及全體師生。

三時，嚴總統率中央文武首長至慈湖，恭謁總統蔣公陵

寢致敬，院長肅立靈側答禮致謝。

吳稚老書蔣金紫園廟碑後記

今年中秋到慈湖謁祭父靈，黃昏時在靈前展讀家
譜，不禁回想到二十多年前隨侍父親恭讀家譜的情景，
當時父親精神體氣非常健朗，口述我族源流，而久無
倦容。

民國三十六年父親監督重修蔣氏宗譜，我的老師吳
敬恆（稚暉）先生在序中說：「敬恆嘗謂譜雖注重親
疏，主旨教其慎終追遠，欲使一族之子孫，皆能型式其
賢祖宗，而不流為不肖，用意與作史分別賢不肖，未嘗
不同也。」父親所以為我講述家譜不倦，也就是要使我
們為子孫者，「皆能型式其賢祖宗」，慎終追遠，不墜
先德，真是用心良苦，往事雖如陳跡，而孺慕追思則久
而彌深。

父親一向認為宗譜為民族之學，而「民族之學我國
所重」，因此當民國三十二年先祖妣王太夫人八十誕辰
紀念，我從贛州將舊宗譜呈送重慶，父親重閱之後，深
覺舊宗譜頗有闕漏，即欲重修。及對日抗戰勝利，父親
便多方搜錄同宗譜牒，參較研覈，由族人及專家，共同
重修宗譜。

我族源自「周公之子諱伯齡封於蔣」，歷千餘年，
幾經播遷，而夷考先系，又知「蔣自光武之初，有大將
軍諱橫者，其子孫由徙毘陵之渦湖，有遷奉化之三嶺，
以山亭侯之堅毅、摩訶居士之高曠、廿五府君諱光之盛
德，以逮金紫大夫之顯揚，皆能隱接南方之道統，遂成

武嶺之煥發其先緒。」而所記的「廿五府君諱光」的先
祖是延恭公，「金紫大夫」是宋代金紫光祿大夫諱彥昭
的浚明公。從延恭公開始，同宗譜牒即都可相銜接。
所以父親寫先系考序時說：「我蔣氏猶能及今考尋先
系，上逮漢世，二千年來一脈相承，罔有闕失，何幸如
之。」可見父親重修宗譜宿願已成的欣悅。

清代史家全祖望（謝山）氏在乾隆三年，曾撰蔣金
紫園廟碑一文，金紫即指浚明公。謝山是浙東學派大
家，黃梨洲父子先後寫「宋元學案」一書，後來由謝山
補撰，占其十之六七。錢賓四先生即嘗認為謝山是寫學
人傳開清代學術風氣的史學家。而自清初以來，碑傳之
學，為史學一新路向，因此，蔣金紫園廟碑在譜牒學和
史料研究的方法上，自甚有價值。

民國三十五年，父親特請稚暉師重寫謝山所撰碑
文，刻石紀念，以垂久遠。今年我以拓文，倩工再刻此
碑，置於慈湖陵寢。每到慈湖守靈，瞻仰此碑，一則深
覺繼業維艱；一則深覺德信不孚，愧對師門；尤其想到
父親在日，據報赤寇破壞先人墓廬，悲憤至極，在慈湖
終日不語，父親的孝思，實使為子者感動涕泣。

此碑既立，親友們都希望得到拓本，以為觀摩，因
此在父親誕辰紀念之時付印，並附于右任先生在拓本題
端的手墨。

以我等子孫之愚，想要光大祖業，「遂成武嶺之煥
發其先緒」，其何敢必。但是一如父親重修宗譜時所
言，追惟先德，「益切報本之思」，自不能不由此朝乾
夕惕，日益奮發，進而報效民族國家，才能不愧為忠孝

傳家之蔣氏子孫，更不愧為緜延永盛之炎黃子孫。耿耿
精誠，表記於此。

中華民國六十六年十月三十一日

經國敬謹後記

六十六年傑出科技人員表揚暨頒獎典禮致詞

今天是總統蔣公誕辰紀念日，我們把六十六年表揚
傑出科技人才典禮定在今天舉行，實在具有深長的意
義。蔣公生前對有關科學發展方面的訓示很多，其中最
重要的一段話是說：「科學的基本精神，就是在於發
展，亦即在於研究，在於深入、貫徹與實踐。」我們看
到各位接受表揚的先生們的事蹟，知道大家都是在本身
的工作崗位上，孜孜不倦，默默耕耘，把自己的研究成
果，變成對國家社會的具體貢獻。這也就是大家能夠切
切實實的實踐總統蔣公遺訓的最具體的表現。

今年科技人才表揚工作是第二次辦理，去年我們表
揚了十三位，今年我們在各方所提的許多推薦人選中只
遴選了五位，這並不表示值得表揚的人才少了，而是由
於我們科技的水準在不斷的提高，評審的標準也相對的
更加嚴格。根據主辦單位的報告，他們是經過四次嚴格
的評審程序而產生的。足見接受表揚的各位先生都是實
至名歸，可喜可賀。他們的成就與貢獻都非常的傑出，
譬如：

吳澄清先生，原來是臺大化工系的教授，因為臺灣
氯乙烯公司頭份廠由外國工程公司設計及製造程序上的
差誤，以致試車兩年，仍無法正常生產。後來經吳先生

前來負責領導修正製造程序，並改良設備工程十餘處，終於突破外國一流工程師為之束手的困難，使該廠達到原設計產量，不僅獲得巨大的經濟效益，尤其在增強國人對本身科技水準之信心方面，意義重大。

王博仁先生是中央研究院植物研究所的研究員，十年來致力於組織培養技術之研究，又發明作物幼苗在試管內壓條結球技術成功，可以在短期內大量繁殖無病毒之作物種苗，過去我們要花費大量外匯從國外進口無病毒的馬鈴薯種，現在我們不但可以自己大量繁殖，而且許多其他的園藝作物，也可以用這種方法來培養繁殖，像蘭花、鳳梨等，都可大量外銷，對我國農業經濟的發展，有很大的幫助。

張恩雨先生是菸酒公賣局菸葉試驗所的技正，他從事植物遺傳的試驗研究工作，廿五年如一日，應用於菸草的改良，選育成抗病新品種，對增加農民收入有很大的幫助。

陳晉蒼先生是宜蘭種畜繁殖場場長，他的成就是臺灣白菜鴨的品種育成。本省原來產的雜色鴨，雖然風味不錯，但是由於毛色不好看，所以一直不能打開外銷市場，經過陳先生五年來的努力，用很複雜精細的品種選育方法，育成了新的白色的品種，現在鴨肉和鴨毛都可以大量外銷，使農民獲得很大的好處。

陳富夫先生是交通部電信研究所工程師，他利用微算機控制及積體電路組件，取代舊式機械式交換點，發展成性能優越的全電子自動用戶交換機，對我國電信事業的發展，具有很大的貢獻。

　　他們五位卓越的成就是有目共睹的，凡是對國家社會有具體重大貢獻的人才，都應該受到全國各界的敬重，行政院的表揚工作，正是代表大家來表達這一番意義。

　　我們相信，全國各階層還有很多默默努力的傑出的科技人才，因為任何選拔工作都難免遺珠之憾。就是這兩年沒有入選的人當中，亦有許多成績不錯的，不過或者因為他們的成果還沒有成熟，或者對社會還沒較具體的貢獻。所以，希望大家還要繼續的努力，我們還要不斷的表揚，大家互相的勉勵，造成更熱烈的研究發展風氣，使我們的建設成果，更加發揚光大。

　　從目前的國際情勢看來，只有自己的努力，才是靠得住的；也只要自己努力，便無懼任何的橫逆。一分耕耘，就有一分收穫。大家都知道，在今天這個邁向二十一世紀的時代，是一個科技的時代。所以，現在對一個國家國力強弱的衡量，已經不再是國民人數的多寡，而在於這個國家科技水準的良窳。因此，現代國家對科技新知的追求都是不遺餘力的。我們中華民國在十餘年前，科技方面的基礎十分薄弱，無論機器設備及技術，都要仰賴外國進口；現在我們已經有若干機器及技術可以輸出了。這都是大家埋頭苦幹，鍥而不舍，流血流汗的成果。但是我們決不能自滿，因為我們還肩負著反共復國的艱巨任務。大家不要忘記，大陸上還有八億生活在水深火熱中的同胞等待我們去解救，所以大家還要加倍的努力。今後大家的研究工作要配合國家建設的需要，齊頭並進；除了注意基礎科學及人文社會科學研

究，以厚植科學基礎外，還要加強應用科學之研究及能
源之開發，期在科學與技術上求創新突破的能力；在工
業上，有自己設計成品與製造精密機具，進而發展新技
術以增強國際市場的競爭能力；在農業上，繼續培育新
品種，防治病蟲害，改良生產技術，增加生產量等研
究，以求解決自身迫切問題；在國防科學上，吸收新
知，加強研究，結合軍民工業，互助合作，以求整體發
展。總之，我們要使這個復興基地的臺灣，強化再強
化，壯大更壯大，來共同完成復國建國的神聖使命。

犧牲奉獻　服務民眾

今天是領袖九一誕辰紀念日，中央警官學校同時在
新的校址，舉行成立四十一週年的紀念典禮，實在具有
多方面的意義。

中央警官學校是領袖指導改制而成立的警察教育最
高學府，還曾親自兼任校長十一年之久，可見領袖對於
警察教育期望之深，更可看出領袖對於警察工作督教之
切。自從國民革命以來，尤其在臺澎金馬復興基地，我
們警察工作同志以身許國，犧牲奉獻，創造了許許多多
壯烈的、感人的、行人所不能行的光榮業績。警察同志
這種以身許國、犧牲奉獻的革命精神，對於國家的安全
和社會的安定，可以說是和三軍部隊有著同樣的同等的
重大貢獻。而四十一年來，中央警官學校以及警察教育
訓練的其他學校班隊，培植了成千成萬的人才，為創造
更大的光榮業績而踵武增榮，蔚起勿替。

我們都知道，警察是政府與民眾之間直接的橋樑和

繫帶，因此領袖說：「警察是政治建設的骨幹，更是社
會建設的基礎。」基於這一體認，我們也就更加明白，
警察要能以為民服務為前提，成為民眾日常生活安定
的保障，成為改革社會風氣的表率，成為國家建設的
中堅。

今天我們警察工作，雖然有著良好的績效，但是無
可諱言，還有著許多工作上的缺失，還有著許多態度上
方法上的偏差，還不能做到誠信相孚的程度，甚且還有
一些不良的現象為人所詬病；當然這許多缺失偏差，大
家也經常在檢討改進，然而我們毋寧還要百尺竿頭更進
一步。因為今天由於敵人的險惡、世局的動盪、社會的
變遷、民眾的願望、國情的需要，任何一方面都不容許
我們放鬆一刻，忽視一點，也不容許有著漏洞缺失偏差
的存在。

我們要矯正這些缺失偏差，貫徹積極性的作為，使
得警察人員確實成為「政治建設的骨幹，社會建設的基
礎」，根本之圖，就在於加強警察教育。而這裡所講警
察教育的加強，是廣義的，也就是要使養成教育和在職
訓練求精求實，相輔相成，同時中央警官學校、臺灣警
察學校以及各種短期訓練班隊，和各級警察單位，必須
有一個整體的教育訓練的聯繫，使警察人員的培植和任
用、教育和督考、獎進和汰退，有其一貫的作業。

記得在九年以前，領袖主持本校應屆畢業學生畢業
典禮的時候，有一段訓示說，警察人員的性質和職務，
對於民眾應該有著「賞罰公正、親愛保護、訓勉勸導」
的三種性能，認為「我們警察教育，必須使每一警員，

具備此三種性能，方能稱之為完全的警察教育」。根據這一提示，今後警察教育的要求，演繹來說，就是要在已有的成就上，更進一步加強：

一、為民服務的態度。

二、尊重人權的觀念。

三、遵法守紀的責任。

四、全面安全的警覺。

五、研究發展的精神。

再說，我們都知道，警察人員工作和責任都很繁重，而在任務上要求也較為嚴格，所以政府對於警察工作同志的生活和福利，要有全面的合理的照顧，同時各級警察主管對於同僚，也要有計劃的培植督導和適切的關注。我們也希望社會民眾了解警察人員的工作性質，認識每一個人對國家社會的責任義務，在各個方面和警察工作人員全力合作，共同謀求國家的安全和社會的安定，這種雙向流通的觀念和相互合作的精神，也就是明德新民使國家社會現代化的基點。

今天在中央警官學校的新校址，全校師生、警政主管和畢業校友都來共聚一堂，我要再恭誦領袖對本校第一期學生的訓示：

「莫忘記了現在中國警察地位的重要；

　莫忘記了此次在本校所受的精神教育；

　莫忘記了本校所負的責任程度及其和國家社會的關係。」

今天我們希望一切有一個新的開始，來實踐領袖的遺訓，以新的努力和新的成就，來告慰領袖的在天之

靈，這才是我們今天在這裡紀念領袖的真意義真精神之
所在。

11 月 1 日　星期二
【無記載】

11 月 2 日　星期三
上午

九時，主持中常會。

十一時，接見中央研究院院長錢思亮。

11 月 3 日　星期四
上午

九時，主持行政院院會。

下午

三時，主持中央黨部工作會議。

五時，接見經濟部顧問潘文淵及旅美學人溫陵熊。

五時三十分，接見警備總司令鄭為元。

七時，參加巴拿馬國慶酒會。

11 月 4 日　星期五
【無記載】

11 月 5 日　星期六
上午

九時，主持國防會談。

11月6日　星期日

晨

祝賀嚴總統七秩晉三華誕。

上午

九時三十分，抵宜蘭縣三星鄉參觀臺灣第一座試驗性地熱發電廠。

十一時，至蘇澳港工程處聽取簡報，並至十號碼頭參觀出口水泥裝載情形。隨後，至南方澳漁市場訪問漁民，並向觀光客揮手致意。

下午

巡視蘇澳港碎波堤工地，了解施工狀況，勉勵工程人員創造更好成績。隨後驅車經蘭陽隧道至北洞口慰問施工人員，並沿濱海公路至龍德工業區巡視規劃工程。

11月7日　星期一

上午

九時三十分，接見周書楷、俞國華、周宏濤、李煥等。

下午

六時，接見沈昌煥。

11月8日　星期二

上午

十時四十五分，至臺北鐵路醫院，探視臺灣省政府主席

謝東閔，對其眼疾康復表欣慰。

下午

五時，接見王昇、宋時選等。

11 月 9 日　星期三
上午

九時，主持中常會。

常會後，接見宋長志、馬安瀾等。

11 月 10 日　星期四
上午

八時四十分，接見駐南非大使關鏞。

九時，主持行政院院會，通過「改進有關糧食問題兩項措施」，並指出，此項改進措施之目的，在進一步照顧農民生活，促使農民安於耕作，繼續發展農村經濟。

下午

四時，接見回國述職甫行返回任所之美國駐華大使安克志，聽取其返美休假生活及見聞，並就當前世局及中美間一般情形交換意見。

五時，接見駐紐約總領事夏功權。

改進有關糧食問題兩項措施
一、調整稻米生產目標並輔導轉作雜糧：

　　（一）六十七年稻米生產目標降低為糙米二五〇

　　　　　萬公噸，輔導農民選擇糙米低產地區，轉
　　　　　作國內需要量大而種植氣候適宜之玉米，
　　　　　辦理契約種植，並以保證價格收購。

　　（二）六十七年玉米保證收購價格提高為每公斤
　　　　　八元。

二、降低糧食生產成本以提高農民所得：

　　（一）六十六年原決定減低之田賦徵收實物標
　　　　　準，自六十七年度起仍繼續實施，並依往
　　　　　例一年分兩期徵收，一般土地按每賦元第
　　　　　一期八公斤，第二期五公斤；三七五減租
　　　　　土地第一期六公斤，第二期四公斤徵收。
　　　　　隨賦徵購則仍依現行標準繼續維持不變，
　　　　　以比市價較高價格收購。

　　（二）改進水利會費之繳納，修正「臺灣省農田
　　　　　水利會健全方案」實施要點第十一條，明
　　　　　定普通會費改以稻穀之平均市價折算。

　　（三）稻穀生產成本中，農藥費用所佔比例較
　　　　　大，為降低農民負擔，決定對農藥成品暨
　　　　　原料、原體之進口關稅稅率，分別予以降
　　　　　低或免徵。並由經濟部對農藥加強檢驗，
　　　　　提高品質，督導廠商切實降低售價。

　　（四）設置農業機械化基金，決定自六十七年至
　　　　　七十年，每年由政府籌撥基金十億元，另
　　　　　由各行庫配合貸款至少十億元，合計每年
　　　　　共有二十億元，四年合共可資運用之資金
　　　　　達八十億元，全面推動機械耕作，並設法

降低農耕機具價格，改進國內自製機具之
品質。

11 月 11 日　星期五

中央黨部文化工作會以「中國國民黨為國家與民眾做了
些什麼」為題，發表主席對黨務幹部同志講話輯要。

下午

五時三十分，以電話詢問中央氣象局有關「開梅」強烈
颱風動態，並囑密切注意，嚴加戒備。

中國國民黨為國家與民眾做了些什麼

一、對農漁業的發展和對農漁民的照顧

——民國六十六年七月七日——

　　政府對於農漁業的發展和照顧，可說是不遺餘力，
不惜一切來推動。有一個時候，大家對於政府收購稻穀
有不同的反應，現在已逐漸明瞭。政府決定的收購價
格，仍照去年的價格，蓬萊每公斤十一元五角，在來每
公斤九元五角，有人認為這一價格太高，但為維持信用
起見，未予變更。至於收購的數量，規定每公頃為九七
○公斤。也有人問何以不全數收購？須知：政府無此龐
大經費，亦無如許倉容。但政府已動用糧食平準基金新
臺幣一百四十億元收購稻穀。今後對於稻穀的收購價
格，以目前的情形看，不宜再予提高，但也不宜降低。
同時政府也正在考慮，採取措施，使農民免繳本年第
二期的田賦，減輕他們的負擔，相對的也就有助於增

加收益。

農民很辛苦，我們一定要幫助農民。對於保證價格，如蔗農，他們不受糖價下跌的影響，對煙農也是一樣。農民如果生產其他特用作物，一定會隨之訂定保證價格。

政府對於漁民生活也同樣重視，並盡一切力量來照顧，使他們生活能夠改善。今年漁業產量比去年增加很多，但政府還在設法更進一步協助漁民增產，以增加收益，改善生活。

最近，行政院決定取銷鹽稅，主辦單位同時提出調整鹽價的方案，行政院認為這時候不宜調整，取銷了鹽稅，就應隨之降低價格。又如油電價格，最近也決定不提高，政府為此而多負擔油價上漲的一千多萬美元，在經濟上是不合算的，但對社會卻有很大的安定作用。為政者不能在民眾身上打小算盤，應從大處、遠處著眼。

我們必須盡其在我，平平實實地去做，務求心安理得，建立一個三民主義和諧的社會。

二、對警政、公車和用水的改善

——民國六十六年五月五日——

關於警察的問題，由於警察與民眾接觸最多，問題也最多。孔署長到任以後，大刀闊斧的進行改革，希望黨部也儘量向其轉達民眾的反映。在若干地方，警察揹了不少黑鍋；但不必諱言，也有極少數警察做過壞事的。今年，整頓警政是一重要工作，大家應負起責任，使警政辦好。

公車問題，民眾寫給我的信很多，要趕快研究解決。這是一個和人人生活都有關係的問題，在政策上應有一檢討，並在許多細節上加以改進。

水的問題，今天行政院院會也討論到。今年第一期稻作，雖遭天旱，但因各水庫能充分供水，所以未受重大災害，而南部已開始收割。但是除灌溉水以外，飲用的水也很關重要。去年政府解決了兩大問題，一是水太多，要建排水溝；一是水不夠，要建水庫。關於飲用水，小地方的問題較少，他們可以自掘水井，來解決飲水問題。但大城市如臺北、高雄、臺南、臺中等，現在就要開始注意。我們不能盼望天下雨來解決問題；要就現有的水，節約來用，不要等到無水可用時，不知所措，須知飲水缺乏的嚴重性。至於翡翠谷興建水庫的問題，原則上是需要的，但必待技術問題解決後，才能作決定。目前很重要的工作是另外還要多找其他水源。我們不能聽天由命，而要自己來解決面臨的各項問題。

三、災難的救濟與災後重建
——民國六十六年七月廿七日——
這次賽洛瑪颱風在臺灣省南部高雄市、高雄縣、屏東縣三縣市，造成相當大的災害，主要的原因是由於電力受到損害。而自來水系統亦受風災影響，停止供水。這次颱風中心，是由中央山脈穿過，而臺電的輸電線路和電塔，均沿中央山脈建立，故大多受到吹毀，不過台電所受損害，不是發電系統，而是輸送系統。臺電公司將不顧一切困難，全力進行搶修。

　　對於在風災中死難的民眾，我們在此要表示哀悼之意！臺灣省政府和地方政府對此已有撫恤的辦法。至於受傷的民眾，我們也要表示深切的慰問之意！政府並當盡力予以醫治。因為救災工作是以救人為第一，務期使受災同胞在風災後，很快的一切恢復正常。

　　在農作物方面，由於第一期稻穀已經收割，第二期剛剛播種，所以稻穀所受損害較少，不致有重大影響，而香蕉的損失數量還在統計之中。至於對外交通，包括陸上、海上和空中的交通，均已於次日完全恢復。高雄港舊港口的電力高壓線被吹落海中，須略加清理後始能使用，但新港口完整無缺，可照常運作。

　　對於民眾生命財產受到損失，我們感到很難過，政府有責任予以復原，使大家的生活、生產很快的恢復正常。公營事業，除臺鋁公司一部份設備受損之外，其餘中鋼、中船、中油，均無重大損失。中油雖因無電供應，暫時不能運作，但因本身油存量充足，供應不虞匱乏。惟中鋼因無電即無水，高爐有停止之虞，幸臺電公司設法借用活動發電機，抽吸澄清湖和其他地區水源供應，使中鋼的困難得到及時的適當解決。

　　昨天當我離開高雄市的時候，看到民眾們所表現的，第一是鎮定，如高雄市是一個一百多萬人口的大都市，雖然沒有了電，晚間一片黑寂，但未發生任何意外事件；其次是守法，例如加油站雖因停電，加油工作受到很大的阻撓，但民眾仍然很有秩序的排隊，等待加油；第三是合作，民眾與民眾之間，軍警與民眾之間，都能互相幫助，使災害減少至最低程度。只要不下大

雨，相信三兩天後，一切都將恢復正常。這次災害中，
憲、警、電訊，尤其是臺電的工程人員，不但是冒風
雨，而且是在冒生命的危險來進行搶修，這種精神難能
可貴。尤其是在無電力的大城市中，連小偷的案件都沒
有發生，這是地方政府努力所致，也可以說明一般民眾
道德水準的提高，希望繼續發揮這種精神，來很快度過
難關。高雄市的電力，已在盡力搶修，再過一段時間，
便可恢復正常。臺灣省政府、縣、市政府都已發揮力
量，災難來臨，正是共患難的時候，我們黨和政府一定
要共患難，要通力合作。政府採取了五項措施之後，必
可逐漸解決各項問題。其中建材一項，因為吹壞房屋很
多，需要磚、瓦、水泥，以及民生日用物品較為殷切，
經濟部已採取措施，儘速充分供應，今日將繼續商量，
希望臺灣省物資局統一買賣磚瓦等，不讓商人操縱抬
價，此事即請謝主席轉知物資局負責辦好。

災難雖有，只要民眾、政府、黨部、各有關機關、
以及軍、警、憲人員等同心協力，快幹實幹，必能經得
起考驗，作得出成績。

中央各有關部會，臺灣省政府和縣市政府，要一切
為民眾，一切為建設，對於重建的各項工作，應辦的即
時辦理。並要有通盤的規劃和迅速的行動，共同發揮最
高的行政效率，迅速完成災後重建的工作。

關於災過消毒，除省府已經注意辦理之外，軍方的
所有醫院，已動員醫護人員到災區，主動為民眾義務診
療。物價的問題，主要是建材，已由經濟部採取措施。
其他物資，亦希注意充分供應。

四、在地方自治選舉中謀求更大的團結和進步

——民國六十六年四月七日——

今年的輔選工作，應將過去存在的問題改正過來。尤其是：

第一、我們對於今年的選舉，要以促成團結作為一個重要的努力目標。

第二、在提名的過程中，要教育同志們放棄名利的觀念，因為為黨為民服務是負責、犧牲、奉獻，無名利可言。

第三、過去有一種印象，認為沒有錢的人就無法選出來。這次輔選，對於有學問、才幹、品德，而沒有錢的人，只要黨需要他，就要盡力支持選他出來。

能夠掌握這三點，我們就可以號召全黨同志，為黨犧牲、奮鬥，表現出團結的力量。務期在選舉後，使世人都能體認到我們是一個大公無私的政黨，使真的人才都能選拔出來，加強團結，使黨員真能做到犧牲、奉獻，這也就是今年輔選工作的基本精神。

——民國六十六年六月廿二日——

今年地方自治選舉，本黨為輔選而辦理的提名登記，已經截止。從這次黨員登記中，可以看出兩個良好的現象：

第一是人數多，這表示許多同志願意為黨奉獻，為民眾服務，為國家效命，來參加議會和地方行政工作。

其次，根據統計顯示，一般登記的同志，較以前更為年輕，學歷也更為提高。

　　各級黨部決定提名候選人時，一定要本著公正、公平、公開的原則，從眾多的登記同志中，審慎遴定適當的候選人。然後參加競選，由公民來公正的選擇他們認為最理想的候選人，使被選出的人，都能克盡職責，全心全力為公眾服務，從而增進政治效率，更加鞏固地方自治的基礎，從根本上促進政府的現代化。

　　本黨決定候選人以後，凡登記而未被提名的同志和全體黨員要基於革命的感情、道義、和黨紀，一致服從組織的決定，全心全力來支持提名同志，發揮團結進步的精神，須知團結才能進步，進步才能促進團結。所以希望本黨全體同志在這次地方自治選舉中，為黨為國謀求更大的團結和進步。

　　　　　　　　　　──民國六十六年八月十日──

　　今天中央常會通過了臺北市第三屆市議員、臺灣省第六屆省議員、及臺灣省第八屆縣市長本黨候選人的提名人選，經國對此再提出四點意見：

一、本黨對於此項提名工作，非常慎重，曾經先聽取本黨基層組織的意見，和民眾的反映，然後由縣（市）區黨部分別提報臺灣省黨部和臺北市黨部詳加審查，再提報中央，復由中央常會推定七位常務委員，組織提名審核小組，逐一慎重加以審核，然後提由中央常會通過。所以整個提名工作的辦理過程，非常審慎，達到了公正和公開的要求。

二、常會通過的提名候選同志，是黨的最高會議所決定，全黨同志要貫徹這一決定；同時希望全體選民

支持本黨的候選人，使他們順利當選。本黨亦必要
求當選的黨員，積極為國效命，為民服務。

三、此次黨內登記期間，有很多優秀黨員申請參加提
名，但因名額有限，不無遺珠之憾。這些未被提名
的同志，素極關懷黨國的前途，熱心地方建設，願
意奉獻他們的才能，為民服務，今後當使他們有機
會為黨國、為地方，作更多的貢獻。

四、選舉是民主政治和政黨政治的基本方式，深望黨
外人士，踴躍參加競選，達成全國一致的公開、公
平、公正的選舉。和諧與團結，是我們共同致力的
重要目標，深信人人都能竭誠以赴。

——民國六十六年十月六日——

這次選舉，我一再講到：我們必須做到公正、公
平、公開，對內對外都要如此。選舉有如運動場上的競
賽，要有所謂運動員的精神。無論徑賽、球賽，都有它
的規則，要大家遵守；競賽要有裁判員，來判定誰勝誰
負。參加競選或辦理選舉，也應如此。

五、堅持內政外交的基本立場

——民國六十六年五月五日——

在此同時要重申我們黨和政府對於內政和外交的
立場。

我們在內政方面，絕不放棄對大陸的主權，絕不與
匪偽政權作任何的接觸和談判；

我們在外交方面，乃是加強對美國等自由國家的友

好關係，堅守民主陣容；而絕不與以蘇俄為首的共產集團，有任何的接觸來往。這一立場，絕不改變。

本黨是一個有骨氣、有黨格的革命民主政黨，我們以國家和民族為榮，一心一念，都在如何效忠國家民族，時時刻刻，皆為國家民族的光輝隆盛而奮鬥，這就是我們當前決策的基本態度和依據。

古人有言，自助人助，必先能自立自強，然後才能得人之助。此時此地，我們如果只存依賴倖存的觀念，只想他人如何來幫助我們，這種偏差的觀念，實在非常危險。今天我們唯有全黨同志，人人自問對國家如何貢獻，對民眾如何貢獻，對黨如何貢獻，下定決心，堅定信念，集中力量，一齊奮鬥，這才是我們自救奮起之道。

六、開創黨和國家光明的前途

———民國六十六年九月一日———

我們國家的命運，要由我們自己來決定。故此，黨和政府在今後要竭力加強自己、鞏固自己、人人努力，共同奮鬥。我們要使：

——政治上精誠團結；

——經濟上繼續發展；

——社會上安定和諧。

能做到這一切，我們不但無所懼怕，更可進而開創黨和國家光明的前途。

今年的地方自治選舉，要表現出黨、政府和民眾合作無間，並且得到民眾的全面支持，黨和政府也表現其

愛護民眾、服務民眾的精誠。

今年的經濟發展，因颱風災害，稍受影響，但七月份的出口，打破歷年的紀錄。現在雖尚有若干問題存在，但都將會一個一個的解決。同時，我們不但要解決今天的問題，還要解決今後的問題，這一方向必須牢牢的掌握著。

我們當前在軍事上也不斷的在加強進步之中。

黨對國家民族，要負起很大的責任，所以我們在觀念上、作法上，要有大氣魄，要開大門、走大路、堂堂正正、光明磊落，那光明前途，就一天一天由我們的努力而推廓開來。

11月12日　星期六

上午

十時，參加中樞紀念國父誕辰暨慶祝中華文化復興節大會。

下午

二時，抵達屏東，巡視屏東市區、墾丁國家公園及鵝鑾鼻風景區。

11月13日　星期日

上午

七時，在墾丁賓館接見屏東縣縣長柯文福及恆春鎮鎮長龔新通，垂詢地方建設情形；並囑柯縣長一本公平、公正、公開原則辦好選舉，後壁湖漁港之漁民住宅務於農

曆年前完成。

八時，訪問南灣漁民，巡視後壁湖漁港，並告訴漁民政
府一定會完成興建漁港之未竟工程。

九時，至核能三廠工地聽取簡報，並指示該廠用水及施
工，必須以不妨礙當地居民及後壁湖漁港為原則。回程
經過馬鞍山附近，適遇郭姓居民為子完婚，曾下車致賀
並贈賀儀。隨後，訪問恆春鎮商店、菜市場及一般
民眾。

11 月 14 日　星期一

上午

十時二十分，巡視臺電公司北部核能一廠工程施工情形
及各項設備，嘉勉工作人員之辛勞。

下午

四時三十分，先後接見周書楷、宋長志、王昇等。

11 月 15 日　星期二

下午

五時，接見美國名專欄作家白克萊，並接受其所主持電
視節目「火線上」之專訪錄影，答復其所提問題，並就
中美關係作了詳細談話。（其內容將於該節目在美播出
後，再作公布。）

11月16日　星期三
上午

九時，主持中常會。

下午

四時五十分起，先後接見美國明尼阿波里市市長史頓威
格夫婦、薩爾瓦多駐華大使艾雷拉及沙烏地阿拉伯駐華
代辦霍蓋爾。

11月17日　星期四
上午

八時三十分，接見出席第十屆中韓經濟聯席會議韓方代
表團團長崔泰涉等八人。

九時，主持行政院院會，讚揚勞工勤奮守法，促成社會
安定繁榮及對國家建設的貢獻，並提示經濟、內政兩部
積極研擬加強勞工福利辦法，在勞資協調的基礎上，積
極改善工人生活水準，提高工人技術素質。

11月18日　星期五
【無記載】

11月19日　星期六
上午

七時三十分，至臺北市通北街力行新村臺北市議員選舉
第三七八投票所投票。

晚

在中央黨部聽取五項公職人員選舉全般情況報告。

11 月 20 日　星期日

【無記載】

11 月 21 日　星期一

上午

十時三十分，接見王昇。

下午

五時三十分，接見宋長志、沈之岳等。

11 月 22 日　星期二

【無記載】

11 月 23 日　星期三

上午

九時，主持中常會，在就此次地方自治五項公職人員選舉進行檢討時，提示：

一、中國國民黨希望全體五項公職當選人（不論黨內或黨外），都能同心協力，共同為建設安和樂利的社會而努力。

二、這次選舉，完全符合政府和中國國民黨所要求之公平、公正、公開三項原則；我們推行民主政治，必須同時注重法治，才能使國家的利益、社會的秩

序，獲得保障。

常會後，接見林金生等。

下午

四時，聽取匪情簡報。

五時，接見美國專欄作家克拉福特，就當前世局廣泛交換意見。

11月24日　星期四

上午

九時，主持行政院院會：

一、於聽取內政部部長張豐緒有關五項公職人員選舉報告後，對於全民參與選舉、關心政治的熱忱，表示欣慰；對於選舉確能做到公平、公正、公開的要求，表示讚許；對於當選和落選的全體候選人，亦致以勗勉；對選舉日所發生之騷擾地方治安事件，亦希內政部會同有關單位，查明實情，依法處理。

二、通過改組經濟設計委員會為經濟建設委員會，財經小組取銷，並聘任俞國華為經濟建設委員會主任委員、王章清、郭婉容、孫震為副主任委員。

下午

三時，主持預算會議。

四時，接見韓國漢城市市長具滋春等三人。

四時三十分，接見美國駐華大使館前副館長葉格爾。

五時，接見旅美學人（飛彈專家）李傳璋。

11 月 25 日　星期五

上午

八時，接待監察院中央機關巡察組巡察委員並舉行座談，表示：

行政院一向尊重監察權，一定虛心接納監察委員的意見，作為政府行政措施之重要參考，不斷求新求進；對於列入追蹤考核的糾正案，行政院也一定在最短期間內，將辦理結果，一一答復監察院。

九時，參加黨政關係（監察部門）談話會，說明施政情形及今後努力重點。

下午

五時，接見駐韓大使朱撫松。

五時三十分，接見美國參議員格里芬，就當前世局及中美關係，共同交換意見。

六時，接見美國前參謀首長聯席會議主席穆爾夫婦。

11 月 26 日　星期六

上午

十一時三十分，接見沈之岳等。

11 月 27 日　星期日

上午

十時，抵花蓮巡視北迴鐵路，乘工程車進入崇德隧道，了解工程進度，並慰問施工人員。

中午

至花蓮市已故宿儒駱香林家，慰問駱夫人。

下午

至鳳林，實地勘察為紀念涉水殉職之山興國小教師張箭及鄧玉瑛而計劃興建之箭瑛大橋，並囑在橋樑完成後，應將張、鄧兩教師殉職經過，立碑紀念。隨後，巡視花蓮銅門發電所。

11月28日至29日　星期一至二
【無記載】

11月30日　星期三

上午

八時三十分，接見亞東關係協會駐日本代表馬樹禮。

九時，主持中常會，在聽取「內政部貫徹執行全面實施平均地權工作報告」後，提示：

貫徹執行全面實施平均地權，為今年內一件大事，從執行政策過程中，看到一般民眾的熱忱擁護與支持，各縣市申報率均達百分之九十九以上，實為一良好的開始。今後為建設三民主義模範省，貫徹平均地權工作為一重要步驟。此事極為繁重，主辦單位已為民眾作了很多事情，今後應以過去經驗作參考，進一步檢討改進，使這一政策得到全面的實施。

十一時，接見常撫生。

中午

十二時，與大衛甘乃迪等共進午餐。

12月1日　星期四
上午

九時，主持行政院院會。

院會後，接見魏鏞。

下午

三時，主持中央黨部工作會議，提示：

此次地方公職人員選舉，遭受了很大的挫折，使我們警覺到，必須下定決心，要再革新！要再改造！今天對黨的組織形態，結合群眾以及對未來各項選舉，均須列入檢討改進，早作準備。對設立一機構聯繫黨外對政治有興趣人士事，可予考慮。此外對當選的社會人士及非同志的省市議員，要一視同仁，加強連繫。總之，黨今後工作，應以結合群眾為最重要指標。

四時三十分，接見余紀忠。

12月2日　星期五
【無記載】

12月3日　星期六
上午

九時，主持國防會談。

十時，飛往高雄。

下午

三時十分，巡視高雄港新近啟用之第六十八號碼頭，並

囑對趕建中之貨櫃吊車進度及其安全性，應仔細注意。
隨後至中洲、旗後等地訪問民眾。

12 月 4 日　星期日
【無記載】

12 月 5 日　星期一
下午

五時，接見美國參議員賈維茨。

五時三十分，接見教育部部長李元簇。

六時，接見立法院倪院長文亞。

12 月 6 日　星期二
【無記載】

12 月 7 日　星期三
上午

九時，主持中常會。

12 月 8 日　星期四
上午

八時三十分，接見韓國副總理南惠祐。

九時，主持行政院院會，提示：

經濟建設委員會的任務，在謀配合財經，適切督導，以
加強經建的有效推進。今後對國際經濟情報、經濟動
態，要能適時得到正確資料；對增加內銷比重，亦希積

極研辦；在人力方面，應大力培訓高水準之技能人才，以質的提高來彌補量的不足；並應立即著手規劃十二項建設，從速釐訂六年經建計劃中後四年的部門計劃。經建的目的在加速社會和國家的現代化，除物質方面的建設外，精神方面的建設，尤其不可忽略。

院會後，聽取紡織品問題簡報。

下午

四時三十分，接見王愓吾及金門防衛司令官李家馴。

12月9日　星期五
【無記載】

12月10日　星期六
上午

十一時，在中興新村臺灣省第八屆縣市長當選人座談會上，以「時時為國家著想，事事為民眾打算」為題，勗勉縣市長當選人風雨同舟，精誠團結，堅持目標，一致奮起，建設臺灣成為三民主義模範省。

時時為國家著想　事事為民眾打算

　　今天臺灣省政府舉行第八屆縣市長當選人座談會，本人趁這個機會，向各位當選人表示誠摯的祝賀。

　　各位在選舉中當選，是接受了選民的付託，亦就是承擔了莊嚴的責任，深望各位在任期之中，都能兢兢業業，全力以赴，不負選民的付託，善盡一己的責任，使

臺灣省地方自治已有的基礎更加健全，更加堅實，也使我們民主憲政的績業，更有成就，更見光輝。

雖然我們的地方自治已經有了良好的基礎，而國家建設也已有了顯著的成就，一般行政人員也都能黽勉從公，忠於職守，但是無可諱言，無論是政治的觀念或風氣，還是有許多偏差，有許多缺點，比方說官僚的習氣還沒有完全根除，公務員的操守還沒有澈底淨化，改革的要求還沒有全面貫澈，為民服務的精神還沒有普遍養成，這些偏差缺失的矯正改進，必須我們由地方到中央，大家更進一步來共同努力，時時為國家著想，事事為民眾打算，只有國家和民眾的利害，沒有個人的利害，使中央的政策貫澈基層，使地方的建設配合全面。要知道，唯有廉的政府才能成為能的政府；唯有法治的政治，才能成為民主的政治；唯有安定的社會，才能成為安和樂利的社會！

今天我們基本的目標，即是反共復國，只有反共，才能求得今日國家的生存和社會的發展；只有復國，才能求得國家永遠的生存和社會長遠的安寧幸福，而在反共復國的這一目標之前，我們唯一的出路就是風雨同舟，精誠團結，堅持目標，一致奮起。

講到施政方面，地方行政也和中央政府、省市政府一樣，要講求計劃性。任何的工作，要依據計劃來執行，而決定計劃之前，更要詳細審度是不是切合民眾的利益，是不是有真切的需要，有沒有和相關的計劃相配合，尤其是有沒有和政府全面的政策相配合，這也就關係到計劃的整體性和連貫性。

　　在這次座談會中，各位都聽到省政府各廳處的業務提要報告，也綜合討論了有關地方行政的題綱，就更加可以了解地方行政整體性和連貫性的重要。

——所謂整體性，即地方行政在省政府的督導之下，發揮地方自治的功能，不僅鄉鎮與縣市之間，縣市與鄰近縣市之間，乃至縣市政府和省政府之間，地方與中央之間，其計劃作為，都要有全盤的著眼、縱的政策貫澈和橫的聯繫協調。

——所謂連貫性，也非常明白，就是說，一切地方行政都是為了建設地方，造福民眾的，所以各個階段的重要政策和計劃，無論長程的、中程的、近程的，都有其持續性，因此在任期之內，要能盡力使之配合，使之啣接，使之完成，使之發生長效大用。

　　由這計劃性、整體性、連貫性的重要，各位也可以進一步注意到，政府進行十項建設，有的已經完成，有的快要完成，這十項建設，可說是為地方建設，奠定了一個新的基礎，而政府從去年開始又進行新的六年經建計劃，已經過去了兩年的階段，後一階段和各位的任期相當，因此各位也就要考慮到，在地方建設上，如何配合本縣市有關的六年經建計劃的部份，來協力進行完成，使這一計劃所產生的福利效果，能夠迅速的普及於本縣市的民眾。

　　再說，中央最近並宣布在十項建設之後，賡續進行十二項建設，包括：

　一、完成臺灣環島鐵路網，

　二、新建東西橫貫公路三條，

三、延長高速公路至屏東，

四、擴建中鋼公司第二期工程，

五、繼續興建核能發電二、三兩廠，

六、完成臺中港第二、三期工程，

七、開發新市鎮、廣建國民住宅（平均每年二萬五
　　千戶），

八、加速改善重要農田排水系統，

九、修建臺灣西岸海堤工程及全島重要河堤工程，

十、拓建由屏東至鵝鑾鼻道路為四線高級公路，

十一、設置農業機械化基金，促進農業全面機械化，

十二、建立每一縣市文化中心，包括圖書館、博物館、
　　　音樂廳。

　　這十二項建設，其中除了四、五、六，三項外，其
餘九項都和地方建設有關，有的根本就是地方性的建
設，更要盡地方的力量協助配合中央和省政府來完成。
其中有的項目，就要審度其和本縣市有關的，先來進行
配合的計劃作為。

　　前天，謝主席和各位談到省政建設，包括行政求革
新，經濟求發展，社會建設求均富，文化建設求中華文
化向下紮根，而社會建設、文化建設引申也就是心理建
設，這實在是我們今天最重要的工作，相信各位當選人
就任之後，一定能夠共同從這一個方向來努力。

　　各位縣市長當選人，有的是再度當選，有的是新
任，無論連任或新任，各位都有著新的抱負，但是縣
政、市政，經緯萬端，各位要開展抱負，實現政見，自
然任重道遠，不過，各位只要是一心一意為民眾，點點

滴滴做成績，一切以重法治、重安定為中心目標，一切
以大團結、大推進為入手工夫，那抱負必能順利開展，
政見必能完全實現，而無負於選民的付託，無負於社會
的殷望。

今天參加這一座談會，除了向各位祝賀之外，同時
還要說明，中央的行政工作同仁一定都能協助省政府和
地方政府的同仁，一齊更進一步為建設臺灣三民主義模
範省而奮鬥，而我們今天齊心協力、埋頭苦幹的奮鬥，
也就是為的明天動如火發、光復大陸的行動作準備，一
齊來建設三民主義的新中國。所以各位當選人今天努力
的新起點，也就是我們大家成功的新起點！

12 月 11 日至 13 日　星期日至二
【無記載】

12 月 14 日　星期三
上午

八時三十分，接見美國新罕普什州州長湯姆森夫婦。

九時，主持中常會。

中午

十二時，約政務委員葉公超等共進午餐。

12 月 15 日　星期四
上午

八時三十分，接見日本船舶振興會會長笹川良一。

九時，主持行政院院會，提示：

關於最近發布有關若干食品所含毒素超過安全容許量之新聞，據悉檢驗單位之抽樣不夠普遍，所謂安全標準與主管機關所訂定者亦不盡相同，以致引起社會人士之驚異。此類學術性之調查研究，有其需要，但其方式應力求完備正確，其結論之發表，尤應與各有關機關事先聯繫研商，以免滋生誤解。今後各級行政機關並均應以此事為例，加強與有關機關之合作協調，切勿各自為政，如係有關政策性之事項，且須報院核定後再行發表，以維政府整體性之功能。

12 月 16 日　星期五
【無記載】

12 月 17 日　星期六
上午

九時，主持國防會談。

12 月 18 日　星期日
上午

九時三十分，巡視基隆市八斗子漁港施工情形。

十時二十五分，至基隆市區聖王宮廟與民眾話家常，並與六十五歲市民張峰棋下象棋同樂。隨後至暖暖區礦場參觀，詢問採煤作業及礦工生活情形。

12月19日　星期一

【無記載】

12月20日　星期二

上午

十時，出席中樞紀念國父月會。

下午

三時三十分，至經濟建設委員會聽取簡報，提示：

從今年的經濟情勢報告可以看出，今年我們雖然遭遇兩次颱風、一次水災，同時國際經濟情勢也對我們不十分有利，但我們都已盡了力量，使今年的經濟成長率幾乎可以達到預期的目標。今後經濟的發展與經建會努力的目標：

一、希望能繼續提高投資意願（含國內外投資、華僑投資）。

二、應努力拓展外銷、爭取外銷機會，以促進經濟成長。

三、希望多聽取工商界意見，協助工商業解決困難。

12月21日　星期三

上午

九時，主持中常會。

12 月 22 日　星期四

上午

九時，主持行政院院會。

12 月 23 日至 24 日　星期五至六

【無記載】

12 月 25 日　星期日

上午

九時，參加行憲三十週年紀念大會、憲政研討會第十二次全體會議暨國民大會代表六十六年年會聯合開會典禮，並在國民大會代表年會預備會議中，提出書面致詞，另在即席致詞中強調：

一、實施憲法，反共到底，必能開創光明前途。

二、中華民族五千年來的歷史從未中斷，是由於民族正氣的支持，今天在復興基地實施憲政，也正是為繼續維持中華民族的正統。

三、政府決心維護民主，貫徹法治，絕不容有任何人破壞民眾利益，危害國家利益。

四、六十六年經建措施，締創了六項第一：

　　（一）生產鋼鐵，開始外銷。

　　（二）中央銀行外匯存底，高達四十六億美元。

　　（三）興建電氣化鐵路。

　　（四）國民所得接近一千美元。

　　（五）完成四十五萬噸巨型油輪之建造。

　　（六）擁有強大的三軍現代化戰備。

五、財稅、司法與警察工作，尚待政府與民眾共同努力
　　改進。

國民大會代表六十六年度年會致詞

主席、各位代表先生：

　　今天是我國行憲的三十週年紀念，貴會在這值得緬
懷的莊嚴日子，與憲政研討會同時舉行慶祝大會，弘揚
憲政的光輝，實具有非常深遠重大的意義。

　　國父倡導國民革命，創建中華民國，開啟了亞洲民
主政治的新頁，繼又手訂建國大綱，揭櫫實施憲政的步
驟，為國家邁向民有、民治、民享的大道提示了方針。
總統蔣公繼志承業，雖在抗戰初停、瘡痍未復的時刻，
仍排除萬難，毅然召開國大，制頒憲法，並明定於三十
年前的今日施行，這一睿智決策，不僅實踐了國父「還
政於民」的遺教，也展開了中國現代化建設的宏規大
業，為中華民國的進步發展奠立了磐固的基石。

　　行憲三十年來，由於共匪叛亂，大陸沉淪，使憲政
之治未能普行於全國。今天雖然我們在復興基地勤奮耕
耘，不斷努力，已從實施民主憲政的體驗中初嚐憲政的
成果，但想到還有億萬同胞，喘息在共匪暴政之下，不
能分享福祉，愈加使我們感到，光復大陸，消滅共匪，
使憲政光輝普照全國，乃是我們一刻不容稍懈的神聖
使命！

　　我們之所以堅持反共復國，也正就是因為共匪摧殘
人權，罔顧人民福利，破壞了憲法的行使，而為護衛憲
政法統、確保國家的生存和獨立，必須誓滅這全中國人

民的公敵──匪偽政權！

　　事實證明，共匪竊據中國大陸以來，不但剝奪了中國人民民主自由的權利與和平安樂的生活，並且驅使大陸同胞個個陷於鬥爭迫害、勞改整肅的恐怖絕境。所以要恢復國家的生機、人民的權益，唯有澈底消滅共匪，纔能讓憲政的光輝照耀於大陸，登同胞於衽席。

　　今天我們復興基地的軍民同胞，都能生活在安居樂業的境域之中，乃是全民推展國家建設的成果，更是有賴於憲法的保障，啟發了國民的新機活力。因之，要保持這一個安居樂業的生活境域，還須要靠我們自立自強，靠我們舉國一心，團結在憲政法治之下，同舟共濟，發憤圖強！這是我們每一個國民所必須把握的基本觀念，必須堅守的基本精神，也就是我們每一個國民都必須以不懈的努力，不斷的奮鬥，來保衛這憲政制度所確立的規模，恢弘國家建設的業績。只要大家都能齊一意志和想法，都能齊一步調與行動，相信我們必能突破一切橫逆，達成我們光復大陸、繼往開來的歷史使命！

　　各位代表先生，這一年即將過去，回顧一年來的國際政經情勢，表面上全球性的經濟風暴雖已過去，但世界經濟復甦的進度卻相當緩慢，加上國際貿易競爭激烈，保護主義日漸抬頭，致使世界經濟始終未能回復正常秩序。面對這一情勢，雖然我們國內經濟穩定，但是作為國際社會的一員，我們仍須竭盡力量，來與自由世界加強合作，共謀繁榮！

　　國際政局方面，民主陣營經歷一陣「低盪」空氣沖擊而無所進展以後，腳步較前已見穩健而慎重。但國際

間姑息主義的逆流仍在興風作浪、推波助瀾，使得自由
世界迄未跳出敵友混淆、是非不明的漩渦，因此阻遏不
了共黨集團混水摸魚的狼子野心。尤其是美、匪之間的
交往，不僅直接損害到我國的權益，也將影響整個世界
的安危禍福，因之我們必須正視這一問題的嚴重性，而
不能不一再聲明我們的嚴正立場與堅定態度。

我們始終認為，今天世局的癥結，還在自由世界對
於共黨本質的認識不清，以我們半個世紀和共黨鬥爭的
經驗，觀察當前國際形勢，我們確知：

第一、共黨集團無論其為俄共、中共，其終極目標
都在赤化世界，奴役人類。共黨所謂的「和平共存」，
只是它麻痺敵人，癱瘓敵人，進而消滅敵人的作戰伎
倆。過去中國大陸的淪陷，以至中南半島的變色，都是
在這糖衣毒丸之下造成的悲劇。這些慘痛的史實已經
證明，與共黨談和就等於投降，姑息共黨的侵略等於
自殺。

第二、中共匪幫對外策略，迄仍沿襲毛匪「三反路
線」，以「蘇修美帝和各國反動派」為敵，而其頭號敵
人，也依然是「蘇、美兩個超霸」。今天共匪所以對美
示好，佯裝聯美，只是它「以敵制敵」的策略運用，企
圖製造美蘇間的衝突，坐收漁人之利。

第三、看近三十年來的亞洲歷史，那一頁沒有中共
匪幫為禍亞洲的斑斑血跡。它以所謂「第三世界」的一
員自居，無非是想以顛覆滲透來控制所有亞洲的開發中
國家，並以「鄉村包圍城市」的戰術，來對抗被視為
「第二世界」一份子的日本，進而排除美國於亞洲勢力

之外，妄想自己成為亞洲的赤色霸權。

我們掬誠以言這些體驗與觀察，實因深深覺得共產主義利用人性中的弱點，加深意識矛盾，擴大階級鬥爭，造成整個世界的動亂不已。今日人類遭受共黨的毒害已深，再不能坐令繼續擴張蔓延，任其腐蝕人心的善良，所以我們亟思喚起世人認清禍患根源，採取共同行動，迅速合力撲滅這場紅色的疫癘！

當然，我們確信，共產主義的反人性與反理性，終必為人類所唾棄而歸於沒落，因為民主自由的政治制度與安居樂業的生活方式畢竟是人類的共同願望，斷沒有人甘願接受共黨暴政的奴役迫害。因之，人性的普遍覺醒必為反共的根本動力，反共的鬥爭也終必勝利成功！

同樣我們確信，所有的共產政權，也必因其強調矛盾衝突，製造仇恨鬥爭，沒有一個不將循環整肅、自相殘殺，而能逃脫內鬨內潰終至解體的命運。準此以觀如今中共匪幫內部情勢的危機四伏，正是如出一轍。新老匪幹形成的幫派奪權，永無休止；華、鄧兩匪的明爭暗鬥，方興未艾；匪軍內部的山頭林立，尾大不掉；以及匪區經濟的貧困落後，民窮財盡。凡此種種，再加大陸人民與匪軍匪幹的人心離散，渴望變天，無一不是埋葬暴政的潛在因素，其傾覆敗亡，也只是時間問題，斷無倖免之理！

事實上，我們反共戰爭的本質，就是維護人性尊嚴對抗奴役人身的戰爭、以民主憲政對抗共產暴政的戰爭。而我們行憲三十年來，努力以求的，也就在於實現我國憲法前言所揭示的宗旨：「鞏固國權，保障民權，

奠定社會安寧，增進人民福利」，並以基於三民主義建
立民有、民治、民享的民主共和國為奮鬥目標。所以我
們的反共戰爭，非待中共匪幫的澈底消滅，決不終止！

回顧一年來的行政工作，大體都能依照施政方針與
施政計畫循序推動，國內各項建設也有很多進展。但在
進步發展之中，也仍不免發現若干缺失，有待繼續革新
與改進。

概括的說，在內政方面，平均地權今年開始全面實
施，五項地方公職選舉剛剛完成，都是關係全民權益的
大事。政府在反共復國的大目標下，決心依照憲法所定
基本國策，厲行民主法治，力謀國計民生的均足。今後
仍將繼續加強照顧民眾的福利，維護社會的善良風俗與
秩序，改進民政、戶政、警政、社政等各項業務，多為
民眾提供所需的服務。尤將積極推動以下幾項工作，而
為塑造均富、安和、樂利的社會奠好基礎：

大量興建國民住宅——除了前年興建的兩萬戶國
宅，部分已經完工，部分即可完成之外，將再按照六年
計畫預定進度，分年興建九萬六千多戶和整建八萬七千
多戶國宅，並以今後平均每年興建二萬五千戶為目標，
逐步解決國民住的問題。

積極推動區域發展——為求區域開發達到城鄉並
重，均衡合理的要求，決定重新調整臺灣地區綜合開發
計畫，把現行劃定的七區併為四區，作重點規劃，導使
原來向南北集中的人口往中部移動，原來向西部集中的
人口向東部移動，以期資源開發、人口與產業分佈作更
合理的發展。

　　加強社會安全措施——除仍繼續致力於增進勞工福利、擴大勞工保險、改進社會救助等各項工作之外，將更進一步的提高勞保給付，推廣就業輔導，改善勞動條件，妥善照顧年老與殘障、推行家庭計畫，以及改進問題少年的輔育等，期達「老有所終、壯有所用、幼有所長」的理想，建立安全康樂的社會。

　　切實保障國民健康——將以消除都市公害、普及鄉村醫療、改進環境衛生、嚴防傳染疫病等為今後工作重點，我們決心要從多角多面，為國民提供健康潔淨的生活環境。

　　外交方面，目前我與自由世界一百多個國家維持實質關係，今後仍在堅守民主陣容的既定政策下，本著獨立自主的精神，平等互惠的原則，敦睦邦交，尊重條約，促進國際合作，提倡國際正義，確保世界和平。我們亟願與所有愛好自由的國家與人民，開展真誠友誼，同時，我們決不與任何共黨集團交往。我們代表全體中國人民的意願，堅決保持我們的憲法所定國號、體制與法統的嚴正立場絕不改變！

　　我們的國防軍事，連年都有重大進步，三軍部隊不論在有形戰力、無形戰力各方面，都在不斷增長。目前我們對強化國防的中心要求，是一面嚴密攻防戰備，以確保復興基地安全；一面嚴訓精練，增進國軍戰力，相機策進反攻。同時，我們也正一本自力更生的原則，發展國防科學、充實兵工生產，以加速完成現代化國軍的理想目標。

　　我們的財政，一向保持良好健全狀況，連年都有相

當歲計膡餘，今後財政措施，當更求簡化財稅法令和手續，以減輕民眾負擔，並配合經濟發展的需要為準繩。

發展經濟與鞏固國防都是政府的主要任務，在國防與民生兼顧、民生與國防合一的要求下來推動我們的國家建設，是政府的一項最重要工作。

我們發展經濟的目的，是在福國利民，所以政府制訂經濟政策所把握的要旨，一在增進全民福祉，縮短國民所得差距，創造均富社會；一在兼顧城市與鄉村、工業與農業的均衡發展，全面提高國民生活水準。

今年是我們執行六年經建計畫的第二年，重點目標是在促進經濟穩定成長、改善經濟結構、擴展對外貿易和推動交通電力等基本建設，為引導國家經濟升段，繼續完成奠基工作。

這一年來，我們在經濟方面採取了很多重大的政策措施，諸如：

為了加速策進經濟建設，行政院在本月一日將原有的經濟設計委員會與財經小組合併，改組為經濟建設委員會，使其在設計、協調、考核方面更能脈絡一貫，統一事權，充分發揮推展經建的功能。

為了舒解工業遭遇的困難，改善工業生產結構，政府一面輔導艱苦工業改善經營，更新設備，降低成本，發展新的產品；一面積極引導公民營企業向重工業及精密工業的途徑邁進，藉期使國內工業，由過去以勞力為主的落後型態，蛻變而為以資本與技術密集的工業型態。

為了帶動農業生產的現代化，政府曾動用龐大經

費，繼續加強農村建設、推廣農機耕作、改進產銷經營，並以降低田賦、降低水利會費以及繼續以保證價格收購餘糧，來提高農民收益，改善農民生活。

為了激發投資意願，促進產業投資，政府一方面修改了「獎勵投資條例」，由簡化行政手續、合理減免稅捐、加強融資和便利工業用地之取得等，更進一步的改善投資環境，一面策動公營事業及公共建設加強投資，以帶動民營事業的跟進與發展。

為了因應國際市場競爭的激烈，突破產品外銷的瓶頸，已制訂輔導大貿易商實施要項，正致力輔導民間成立大貿易商，多方建立外銷據點。同時，協助廠商推廣重工業產品和整廠設備輸出，來增強我們的外銷潛力。

今年我們國內經濟，由於全體國民的勤奮努力，仍能在穩定中保持繼續成長，初步估計可以接近百分之八‧五的預期目標。工業生產的成長率，大致可達到百分之十三；農業成長率超出原訂百分之二‧四的預期目標，將可達到百分之三‧三；對外貿易受到內外經濟情勢的影響，雖然進出口總值可能無法達到一百八十億美元，但是我們產品出口總值，估計仍可超過九十億美元而接近預期目標，並將繼續保持相當數額的順差；一年來的物價大體尚稱平穩；國民所得去年平均每人已達新台幣三萬七千八百餘元，折合九百六十七美元，今年續有增加，將可突破一千美元。

從這些經濟基本指標看來，我們國內經濟發展，符合了我們「穩定」與「成長」並重的預期要求，也增強了我們經濟復甦的衝力與活力。

　　記得民國六十二年貴會舉行代表年會，經國曾在貴會首次宣布，政府決心投下鉅額資金，從事九項建設工程，其後加上核能發電共為十項，希望以五年的時間來完成這十項工程，以引導我們國家由開發中的國家轉變而為開發國家。現在這十項工程，大體都已接近完工階段，其中部分工程諸如造船廠、大鋼廠、核能一廠、以及石油化工的上游計畫部分，都已完成前期工程，相繼展開營運作業。南北高速公路到今年年底全線也將有二分之一的路段，先後局部通車，其餘幾項工程，也都在積極進行，預期所有工程，一定能在明、後年內全部完成。

　　當然，十項工程的完成，對我們國家的進入現代化，還只是一個奠基過程，為求加速推動我們經濟開發，政府決再賡續進行十二項建設，其中部分是十項工程的延續或擴充，部分是新的計畫，依性質五項屬於交通建設，兩項屬於重工業建設，三項是農業建設，還有兩項則為社會文化與福利建設，涵蓋的範圍比起十項建設更為廣泛，我們預期從明年開始，在未來幾年之內規劃推動，儘速完成，使我們國家建設，能在更堅實的基礎上，大步邁向現代化的坦途！

　　再就說到文教與科學的發展：

　　教育是國家建設的根本，如果教育不能生根落實，建設就無從壯大發展，所以我們對文化教育工作的最大期望與中心要求，就在：

——在實用上，要使教育與國家建設緊密結合，為國家作育優秀人才；

──在精神上，要使教育能激勵青少年發揚愛國家、
　　愛民族的忠勇志節，為國家的自立自強而努力奮
　　鬥。

　　探討當前我們教育工作的得失，雖然在教育的普
及、學制的改革，乃至教育設施的不斷擴充改進諸方
面，都可發現已有很多成就，但從社會仍有人才供求脫
節現象以及青少年問題日趨嚴重這一方面來看，我們文
教工作顯然仍未充分發揮「教」與「育」的應有功能。

　　因而，我們深深覺得，今後發展教育，還須把握以
下幾個基本方向：

　　第一、要從加強以三民主義為主體的思想教育、人
格教育、生活與品德教育做起，使青少年能夠敦品勵
行，由尊師重道，進而至於愛家愛國，鑄成高尚的人格
與堅貞的情操。

　　第二、要從實學實用、知行合一方面做起，強化手
腦並用、術德兼修的實用教育，使青年走出校門，很快
就能成為國家建設的中堅。

　　第三、要從改進大專學制，獎助學術研究方面做
起，不斷提高高等教育的水準，使大專教育造就的人
才，不是虛擁學位、文憑，而能具有研究發展的深厚
潛力。

　　第四、要從推動文化復興、淨化大眾傳播、倡導正
當育樂活動方面做起，推廣激勵人心、開拓民智的社會
教育，使所有國民的身心品格，都能得到均衡發展。

　　我們發展科學的工作，經過長期而勤奮的灌溉，已
經奠定了初步基礎。目前我們一面致力於加強基本科學

的研究，一面正以應用科學來帶動我們經濟、國防、交通建設和能源、醫學、以及防禦自然災害等各項工作的進步發展。我們確信，科學發展的開花結果，正是加速完成我們現代化建設的主要動力。

各位代表先生：國家的盛衰，民族的存亡，是決定在我們自身主觀力量的強弱。行憲這三十年來，我們曾經遭逢一次接一次、一波又一波的打擊，但是，挫折愈多，也就愈能表現出我們堅忍不拔的民族志節，愈能磨礪我們奮發自強的民心士氣，因此，儘管未來世局的演變，極有可能還會為我們帶來橫逆衝擊，我們卻堅決相信，只要我們自身立於不敗之地，就沒有任何力量可以搖撼我們，擊倒我們！

前面提到，我們在復興基地實施憲政，推動建設的最大願望，就是要為反共復國厚積國力戰力，要使全體同胞都能安居樂業。多年來，我們在復興基地的勤奮耕耘，確已獲致很多成就，但是，我們決不以此自得自滿，更決不忘懷苦難中的大陸同胞，決心一本憲法揭示的建國方針，繼續努力，務必做到政治上更精誠團結，經濟上更富足繁榮，社會上更安定祥和，文教上更蓬勃發展，軍事上更堅強壯大！

總統蔣公曾經昭示我們：「安危禍福，罔非自致，而轉弱為強，必資自力。」今日世局演變仍無定則，國家處境依舊艱難，使我們益發深感，唯有自立自強，一切盡其在我，方能操之在我。尤其今天共匪在其黔驢技窮之後，正千方百計想用滲透、分化統戰陰謀來從內部破壞我們、顛覆我們，更使我們一刻不能鬆懈警覺與戒

備，因而，經國深望海內外全體同胞，都能領悟「國家興亡，匹夫有責」的大義，從而團結一心，奮發圖強，從艱苦中打出血路，在奮鬥中求取生存，以堅定不移的意志和果敢勇毅的行動，來加速完成我們復國建國的任務！

　　謝謝各位。

12 月 26 日至 27 日　星期一至二
【無記載】

12 月 28 日　星期三
上午

九時，主持中常會。

下午

三時，聽取中央暨臺灣省、臺北市預算簡報。

12 月 29 日　星期四
上午

八時三十分，接見英國倫敦大學法學院院長鄭斌教授夫婦。

九時，主持行政院院會。

十時起，接見科導會主任委員吳大猷等。

下午

三時，聽取國防部預算簡報。

12月30日　星期五

上午

十時三十分，參加國軍將級人員晉升茶會。

12月31日　星期六

上午

八時，在三軍軍官俱樂部與行政院各部會處局署首長共進早餐，感謝大家一年來之辛勞。

八時四十分，主持行政院慶生會暨年終抽獎頒獎。

九時三十分，接見羅友倫。

民國日記 62

蔣經國大事日記（1977）

Daily Records of Chiang Ching-kuo, 1977

主　　編	民國歷史文化學社編輯部
總 編 輯	陳新林、呂芳上
執行編輯	林弘毅
美術編輯	溫心忻
封面設計	溫心忻
文字編輯	詹鈞誌

出　　版　　開源書局出版有限公司

香港金鐘夏愨道 18 號海富中心
1 座 26 樓 06 室
TEL：+852-35860995

民國歷史文化學社 有限公司

10646 台北市大安區羅斯福路三段
37 號 7 樓之 1
TEL：+886-2-2369-6912
FAX：+886-2-2369-6990

http://www.rchcs.com.tw

初版一刷	2021 年 4 月 20 日
定　　價	新台幣 380 元
	港　幣 103 元
	美　元 15 元
I S B N	978-986-5578-15-2

國家圖書館出版品預行編目 (CIP) 資料

蔣經國大事日記 (1977) = Daily records of Chiang
Ching-kuo,1977/ 民國歷史文化學社 編輯部主
編 . -- 初版 . -- 臺北市 : 民國歷史文化學社有限公
司 , 2021.04

面；　公分 . -- (民國日記 ; 62)

ISBN 978-986-5578-15-2 (平裝)

1. 蔣經國　2. 臺灣傳記

005.33　　　　　　　　　　　　110004378